走进先贤普及读本

隐逸诗人

陶渊明

李雪颜 ◎ 编著

中国社会出版社

国家一级出版社 ★ 全国百佳图书出版单位

图书在版编目 (CIP) 数据

隐逸诗人陶渊明 / 李雪颜编著 . — 北京：
中国社会出版社，2012.1（2022.6 重印）
（走进先贤普及读本）
ISBN 978-7-5087-3735-5

Ⅰ . ①隐⋯　Ⅱ . ①李⋯　Ⅲ . ①陶渊明（365 ~ 427）—
生平事迹—通俗读物　Ⅳ . ① K825.6-49

中国版本图书馆 CIP 数据核字 (2011) 第 229349 号

出 版 人：浦善新		终 审 人：张铁纲	
责任编辑：魏光洁		助理编辑：刘海飞	
责任校对：马潇潇		封面设计：天之赋设计室	

出版发行：中国社会出版社	地　　址：北京市西城区二龙路甲 33 号
邮政编码：100032	编 辑 部：(010)58124851
网　　址：shcbs.mca.gov.cn	发 行 部：(010)58124868
经　　销：新华书店	

印刷装订：北京华创印务有限公司	开　　本：155 mm×225 mm　1/16
印　　张：11	字　　数：160 千字
版　　次：2012 年 3 月第 1 版	印　　次：2022 年 6 月第 3 次印刷
定　　价：39.80 元	

【目录】

第五章 田园足乐，成就文坛千古

引言

陶渊明其人

陶渊明（约365～427年），一名潜，字元亮，自号五柳先生，死后其好友私赠谥号靖节，寻阳人（今江西九江附近；一说宜丰人）。东晋著名文学家、田园诗人、辞赋家。

陶渊明出生于一个没落的仕宦家庭。曾祖陶侃是东晋的元勋重臣，官至大司马，都督八州军事、荆江二州刺史，封长沙郡公。祖父陶茂做过武昌太守。父亲早死，母亲是东晋名士孟嘉的女儿。

年幼时，家庭衰微，八岁丧父，与母、妹三人度日。孤儿寡母，多在外祖父孟嘉家里生活。孟嘉是当代名士，"行不苟合，年无夸矜，未尝有喜愠之容。好酣酒，逾多不乱；至于忘怀得意，旁若无人。"外祖父家里藏书极多，给他提供了阅读古籍和了解历史的条件，在学者以《庄》《老》为宗而黜"六经"的两晋时代，他不仅像一般的士大夫那样学了《老子》《庄子》，而且还学了儒家的"六经"和文、史以及神话之类的"异书"。时代思潮和家庭环境的影响，使他接受了儒家和道家两种不同的思想，培养了"猛志逸四海"和"性本爱丘山"的两种不同的志趣。

陶渊明生活的年代是中国历史上罕见的多事之秋，门阀势力强固，社会动荡，政治腐败，军阀连年混战，他少有"猛志逸四海，骞翮思远翥"的大志，东晋孝武帝太元十八年（393年），他怀着"大济苍生"的愿望，任江州祭酒。当时门阀制度森严，他出身庶族，受人轻视，感到不堪吏职，少日自解归。他辞职回家后，州里又来召他作主簿，他也辞谢了。晋安帝隆安四年（400年），他到荆州，投入桓玄门下作属吏。这时，桓玄正控制着长江中上游，窥伺着篡夺东晋政权的时机，他当然不肯与桓玄同流合污，做这个野心家的心腹。他在诗中写道："如何舍此去，遥遥至西荆。"对仕桓玄有悔恨之意。"久游恋所生，如何淹在滋？"对俯仰由人的宦途生活，发出了深长的叹息。隆安五年冬天，他因母丧辞职回家。元兴元年（402年）正月，桓玄举兵与朝廷对抗，攻入建康（今南京），夺取东晋军政大权。元兴二年，桓玄在建康公开篡夺了帝位，改国为楚，把安帝幽禁在寻阳。他在家乡躬耕自资，闭户高吟："寝迹衡门下，邈与世相绝。顾盼莫谁知，荆扉昼常闭。"表示对桓玄称帝之事，不屑一谈。元兴三年，建军武将军、下邳太守刘裕联合刘毅、何无忌等官吏，自京口（今江苏镇江）起兵讨桓平叛。桓玄兵败西走，把幽禁在寻阳的安帝带到江陵。他离家投入刘裕幕下任镇军参军。但是入幕不久，看到刘裕为了剪除异己，杀害了讨伐桓玄有功的刘逵全家和无罪的王愉父子。并且凭着私情，把众人认为应该杀的桓玄心腹人物王谧任为录尚书事领扬州刺史这样的重要的官职。这些黑暗现象，使他感到失望，于是就辞职隐居，于义熙元年（405 年）转入建威将军、江州刺史刘敬宣部任建威参军。三月，他奉命赴建康替刘敬宣上表辞职。刘敬宣离职后，他也随着去职了。同年秋，叔父陶逵介绍他任彭泽县令，到任八十一天，碰到寻阳郡派遣督邮至彭泽县办事，属吏说："当束带迎之。"他叹道："我岂能为五斗米向乡里小儿折腰。"遂解印去职。陶渊明十三年的仕宦生活，自辞彭泽县令结束。这十三年，是他为实现"大济苍生"的理想抱负而不断尝试、不断失望、终至绝望的十三年。最后，赋《归去来兮辞》，表明与上层统治阶级决裂、不与世俗同流合污的决心。

陶渊明辞官归里，过着"躬耕自资"的生活。夫人翟氏，与他志同道合，安贫乐贱，"夫耕于前，妻锄于后"，共同劳动，维持生活，与劳动人民日益接近，息息相关。归田之初，生活尚可。"方宅十余亩，草屋八九间，榆柳荫后檐，桃李满堂前。"渊明爱菊，宅边遍植菊花，"采菊东篱下，悠然见南山"至今脍炙人口。

他性嗜酒，饮必醉。朋友来访，无论贵贱，只要家中有酒，必与同饮。他先醉。便对客人说："我醉欲眠卿可去。"义熙四年，住地上京（今星子县城西城玉京山麓）失火，迁至栗里（今星子温泉栗里陶村），生活较为困难。如逢丰收，还可以"欢会酌春酒，摘我园中蔬"。如遇灾年，则"夏日抱长饥，寒夜列被眠"。义熙末年，有一个老农清晨叩门，带酒与他同饮，劝他出仕："褴褛屋檐下，未足为高栖。一世皆尚同（是非不分），愿君汩其泥（指同流合污）。"他回答："深感老父言，禀气寡所谐。纡辔（回车）诚可学，违己讵非迷？且共欢此饮，吾驾不可回。"用"和而不同"的语气，谢绝了老农的劝告。他的晚年，生活愈来愈贫困，有的朋友主动送钱周济他。有时，他也不免上门请求借贷。他的老朋友颜延之，于刘宋少帝景平元年（423年）任始安郡太守，经过寻阳，每天都到他家饮酒。临走时，留下两万钱，他全部送到酒家，陆续饮酒。不过，他之求贷或接受周济，是有原则的。宋文帝元嘉元年（424年），江州刺史檀道济亲自到他家访问。这时，他又病又饿好些天，起不了床。檀道济劝他："贤者在世，天下无道则隐，有道则至。今子（你）生文明之世，奈何自苦如此？"他说："潜也何敢望贤，志不及也。"檀道济馈以粱肉，被他"麾而去之"。他辞官回乡二十二年一直过着贫困的田园生活，而固穷守节的志趣，老而益坚。元嘉四年（427年）九月中旬神志还清醒的时候，给自己写了《挽歌诗》三首，在第三首诗中末两句说："死去何所道，托体同山阿。"表明他对死亡看得那样平淡自然。

陶渊明是汉魏南北朝800年间最杰出的诗人，也是杰出的辞赋家与散文家。陶诗今存125首，计四言诗9首，五言诗116首。陶文今存12篇，计有辞赋3篇、韵文5篇、散文4篇。

陶渊明辞赋中的《闲情赋》是仿张衡《定情赋》和蔡邕《静情赋》而作。内容是铺写对爱情的梦幻，没有什么意义。《感士不遇赋》是仿董仲舒《士不遇赋》和司马迁《悲士不遇赋》而作，内容是抒发门阀制度下有志难骋的满腔愤懑；

《归去来兮辞》是陶渊明辞官归隐之际与上流社会公开决裂的政治宣言。文章以绝大篇幅写了他脱离官场的无限喜悦，想象归隐田园后的无限乐趣，表现了作者对大自然和隐居生活的向往与热爱。文章将叙事、议论、抒情巧妙地融为一体，创造出生动自然、引人入胜的艺术境界；语言自然朴实，洗尽铅华，带有浓厚的乡土气息。韵文有《扇上画赞》《读史述》九章、《祭程氏妹文》《祭从弟敬远文》《自祭文》；散文有《晋故征西大将军长史孟府君传》，又称《孟嘉别传》，是为外祖孟嘉写的传记；此外还有《五柳先生传》《桃花源记》《与子俨等疏》等。总的说来，陶文数量和成就都不及陶诗。

陶渊明的诗感情真挚，朴素自然，有时流露出逃避现实、乐天知命的老庄思想，因此，陶渊明有"田园诗人"之称，也是田园诗派的鼻祖。他的诗从内容上可分为饮酒诗、咏怀诗和田园诗三大类。

陶渊明是田园诗的开创者。他的田园诗以淳朴自然的语言、高远拔俗的意境，为中国诗坛开辟了新天地，并直接影响到唐代田园诗派。在他的田园诗中，随处可见的是他对污浊现实的厌烦和对恬静的田园生活的热爱。这类诗充分表现了诗人鄙夷功名利禄的高远志趣和守志不阿的高尚节操；充分表现了诗人对黑暗官场的极端憎恶和彻底决裂；充分表现了诗人对淳朴的田园生活的热爱，对劳动的认识和对劳动人民的友好感情；充分表现了诗人对理想世界的追求和向往。作为一个文人士大夫，这样的思想感情，这样的内容，出现在文学史上，是前所未有的，尤其是在门阀制度和观念森严的社会里显得特别可贵。

第一章

官宦世家

陶氏一门在东晋虽说不如王谢这些世家豪族，却也因陶侃的功德而名闻天下。陶渊明的曾祖父、祖父和父亲三代人都做过官。根据《命子》诗中的描述，可以把他们的功德归纳为三点：一是建功立业、"大济苍生"的精神。曾祖父陶侃出身贫寒，早年丧父，从小就很有抱负。读书之余又苦练武功，入仕之后为朝廷征战平乱，屡建功勋，被封为长沙郡公。祖父担任太守而能"惠和千里"，造福百姓。父亲虽然不热衷仕途，但毕竟还是做官干了些事业。二是谨慎处世、善始善终的品德。陶侃位至公爵，能做到"功遂辞归，临宠不忒"，急流勇退。祖父也能做到"慎终如始"。三是淡泊名利思想。影响最直接便是渊明的父亲，他为官"淡焉虚止"，不孜孜追求功名利禄，既能建功立业，又能谨慎处世、淡泊名利。这三点可以称之为陶渊明的家族精神。渊明长大成家之后，当喜得长子俨时，便在《命子》诗中又把这种家族精神传给了自己的下一代。

外祖父孟嘉担任过劝学从事，举为秀才，又做过江州别驾、巴丘令、桓温的参军。关于孟嘉的生平事迹《晋书·桓温列传》之后附有孟嘉的小传，在陶渊明写的《晋故征西大将军长史孟府君传》中则更为详细。据此，我们也可将孟嘉的立身行事概括为三点：一是为人随和而有原则。他"冲默有远量""温雅平旷""色和而正"，"行不苟合，言无夸矜，未尝有喜愠之容"。二是善写诗文。他命笔作文，"不容思，文辞超卓，四座叹之"。三是嗜酒酣饮，任情自然。孟嘉"好酣饮，逾多不乱，至于任怀得意，融然远寄，旁若无人"。桓温曾经问孟嘉："酒有何好，而卿嗜之？"孟嘉笑着回答说："明公但不得酒中趣尔。"事实证明，孟嘉的这些特点对陶渊明性格和文学爱好的形成有着直接的影响。

曾祖父陶侃

根据《晋书·陶侃传》中记载，陶渊明的曾祖父是大司马陶侃，而陶侃小时候的地位并不高，陶侃之父只是个地方小吏，他也只是个没品的监鱼吏。那个社会中，这样的人不少，因为他们知道无法成功索性安于自己的生活。而陶侃偏不，他立志要闯出自己的一片天空。他是这样做的也是这样坚持的，所以在那个门阀制度森严的社会，他靠着有勇有谋，靠着动乱，靠着机遇一步步坐上高位，最终成为权倾一时的将领，后被追谥为大司马。有关他的生平在《晋书·陶侃传》中有比较翔实的记载。

陶侃，字士行，本鄱阳人也。吴平，徙家庐江之寻阳。侃早孤贫，为县吏。鄱阳孝廉范逵尝过侃，时仓卒无以待宾，其母乃截发得双髲，以易酒肴，乐饮极欢，虽仆从亦过所望。及逵去，侃追送百余里。逵曰："卿欲仕郡乎？"侃曰："欲之，困于无津耳。"逵过庐江太守张夔，称美之。夔召为督邮，领枞阳令。……夔妻有疾，将迎医于数百里。时正寒雪，诸纲纪皆难之，侃独曰："资于事父以事君。小君，犹母也，安有父母之疾而不尽心乎！"乃请行。众咸服其义。

……

顷之，迁龙骧将军、武昌太守。时天下饥荒，山夷多断江劫掠。侃令诸将诈作商船以诱之。劫果至，生获数人，是西阳王羕之左右。侃即遣兵逼羕，令出向贼，侃整阵于钓台为后继。羕缚送帐下二十人，侃斩之。自是水陆肃清，流亡者归之盈路，侃竭资振给焉。又立夷市于郡东，大收其利。时周颛为荆州刺史，先镇浔水城，贼掠其良口。侃使部将朱伺救之，贼退保泠口。侃谓诸将曰："此贼必更步向武昌，吾宜还城，昼夜三日行可至。卿等认能忍饥斗邪？"部将吴寄曰："要欲十日忍饥，昼当击贼，夜分捕鱼，足以相济。"侃曰："卿健将也。"贼果增兵来攻，侃使朱伺等逆击，大破之，获其辎重，杀伤甚众。

……

侃在州无事，辄朝运百甓于斋外，暮运于斋内。人问其故，答曰："吾方致力中原，过尔优逸，恐不堪事。"其励志勤力，皆此类也。

……

侃性聪敏，勤于吏职，恭而近礼，爱好人伦。终日敛膝危坐，阃外多事，千绪万端，罔有遗漏。远近书疏，莫不手答，笔翰如流，未尝壅滞。引接疏远，门无停客。常语人曰："大禹圣者，乃惜寸阴，至于众人，当惜分阴，岂可逸游荒醉，生无益于时，死无闻于后，是自弃也。"诸参佐或以谈戏废事者，乃命取其酒器、蒲博之具，悉投之于江，吏将则加鞭扑，曰："樗蒲者，牧猪奴戏耳！《老》《庄》浮华，非先王之法言，不可行也。君子当正其衣冠，摄其威仪，何有乱头养望自谓宏达邪！"有奉馈者，皆问其所由。若力作所致，虽微必喜，慰赐参倍；若非理得之，则切厉诃辱，还其所馈。尝出游，见人持一把未熟稻，侃问："用此何为？"人云："行道所见，聊取之耳。"侃大怒曰："汝既不田，而戏贼人稻！"执而鞭之。是以百姓勤于农殖，家给人足。时造船，木屑及竹头悉令举掌之，咸不解所以。后正会，积雪始晴，听事前余雪犹湿，于是以屑布地。及桓温伐蜀，又以侃所贮竹头作丁装船。其综理微密，皆此类也。

这篇传记记录了陶侃的本籍、现籍，有了这样的文字记載，各城市介绍名人时就有可靠依据了，不能信口开河、随便乱说。接着交代了他的家庭状况、生平大事，有些内容是一笔带过，要想清楚地弄明白其中原委，还需要查阅相关的其他材料。

话说陶侃父亲只是个不起眼的小官，而又去世得早所以家里非常贫穷。穷到什么地步呢？有一天父亲的生前好友鄱阳孝廉范逵路过他家，在他家借宿，同行的还有三五个仆人和两匹马，那个时候刚下了很久的雪，天气异常的寒冷，而家里能吃的食物、能烧的柴火都没有了，这可怎么办呢？母亲说："孩子，你带大家出去吃吧，好好招待他们，其他的事情我来想办法。"于是陶母湛氏就将自己的头发剪掉卖了，换来的钱用于招待大家的饭食，把过冬的草褥子拆开，把里面的草倒出来亲自喂马，范逵知道后惊叹不已，竟然穷困到这种地步，而处于这样的穷困之中还能倾其所有来招待他人实在是难能可贵，有这样的母亲，何愁教不出陶侃这样的好孩子。心想日后我一定得努力帮他们一把，把这个大侄子引荐一番。到了第二天，客人离去。陶侃送出百余里，范逵说："行了，贤侄请回吧，你已经送得够远了。"陶侃还是不走，继续送他们，这个时候范逵说："放心吧，到了洛阳我一定举荐你。"陶侃这才往回返，可见其机灵聪慧。

范逵回到洛阳后果真把他推荐给了庐江太守张夔，张夔任命陶侃为督邮，性质有点类似于今天的纪委监察局之类，又让他兼任枞阳县令。有一天，张夔的妻子得了一种怪病，必须到数百里之外去请医生，那个时候正好遇到大雪天气，路上的雪很厚，天气非常寒冷，张夔手下的人大都不愿意去，陶侃除外。他自告奋勇地说如今属下侍奉大人就像侍奉自己的父母一样，哪有母亲生病，儿子不求医问药的道理。于是大家都被他的这种大义所感动，而太守也是个惜才报恩之人，把他举为孝廉，有了这个身份就可以去京都结交上层人士了，这对仕途的开启奠定了基础。

没过多久，陶侃就收拾行囊去洛阳寻找机会了，毕竟那是京都之地，上层人士大都居住在那里，并且离朝廷很近离大权在握的人离得很近。只是几经逗留，偌大的繁华之都并没有他的容身之所。那个时候的官场都是"上品无寒门，下品无世族"的样子，就是说位高权重的都不是贫寒出身，官位低下的也没有大的势力家族中的人，可见那种代代相传的门阀制度是多么严厉，而陶侃作为一个下品人家的孩子能够做到上品的位置，不得不说是个特例，也是因他具有过人之处和恰当的机遇。陶侃这孩子挺聪明的，在京都待了一段时间觉得像他这种出身低微的人，没有权门当靠山是根本无法在官场上立足的，于是去求见"性好人物"时为西晋政坛与文坛的泰斗级人物张华，因为张华想举荐一个人没有不成的，可惜的是陶侃并不是张华所欣赏想要培养的那类人，就以"初以远人，不甚接遇"为由拒绝见他。但是陶侃并不心灰意冷，每一次去拜见都比前一次更加坦然，丝毫没有羞愧、不好意思的感觉。

最终，张华被他的执著所感动，于是推荐他做了上郎中，在"杂牌将军"孙秀的门下做舍人，地位仍然卑微，被上层社会的人所轻视，甚至有一次他与老相识豫章国郎中令杨晫一起去出去拜访，在路上碰到吏部郎温雅，人家竟然问杨晫："怎么和这样卑贱的人一同走路呢？"可见其不招上层社会的待见。

再后来朝廷动乱，洛阳已非安宁之所，并且在那里也不会有所发展，于是陶侃顺应形势也准备南下了。幸好，那个时候有人举荐他到荆州南部的武冈当县令，只是没当几天县令就跟太守关系紧张，后来干脆辞职不干了，反正在这么大老远的地方也是当着芝麻小官，还不如回家在当地某个差事呢，总归便宜些。

有的时候机遇说来就来，想躲都躲不了。没过多久，江南动乱、民不聊生，尤以张昌最甚，其势力已经大大影响到朝廷的统治，于是朝廷派南蛮校尉、荆州刺史刘弘前去镇压，刘弘立刻聘请陶侃作为南蛮府长史，对张昌进行讨伐，陶侃利用智慧和谋略进行作战，连连胜捷，获得了刘弘的肯定和称赞，并对其寄予厚望，这些都无一不是对陶侃的激励和认可。

一波未平一波又起，这边张昌的叛乱刚平定，那边又有新的战争，陶侃在这连年战事中战功卓越，一路升迁。

不过在后来的一次镇压流民起义中，陶侃虽战功显著但是权臣王敦却怕他威胁到自己的地位，毕竟王敦还是有些小心眼的，比如找准时机发动叛乱也过过帝王的瘾，于是把陶侃发配到广州去当刺史了。那个时候的广州无异于是荒凉蛮夷之地，陶侃一边鼓励大家从事农业生产发展经济、安定辖区内人民，使其安居乐业；一边分析局势做好随时打仗的准备。他在广州时每天早晨都把一百块砖搬到外面去，晚上再把它们搬回来，目的就是时刻鞭策自己，通过不安逸的生活来表明自己收复中原的决心。

王敦果然发动叛乱，但最终被朝廷镇压下去，而陶侃也被皇帝亲自任命都督荆、湘、雍、梁四州军事，荆州刺史。

陶侃入荆州后先是整顿当时那种不务实的风俗士气，通过他的努力，百姓安居乐业，社会稳定，农业发展。这一系列的措施也无疑巩固了他辖区内的统治。

陶侃自律能力非常强，今天的事情绝对不会拖到明天，一定会今天做完。治军又非常严格，他鼓励将士自己种植粮食和蔬菜，反对强取豪夺。如果有人送给他好东西，如果是自己生产的，就会很高兴地接受并给予奖励；如果是抢夺来的不仅不会接受还会十分生气，并对其加以处置，所以他手下的将士都比较遵守纪律、廉洁奉公。

他对朝廷非常忠诚，始终把国家利益放在首位，不计个人得失，这也是他能够在那个战乱年代大权在握、自然到老的原因之一。

外祖父孟嘉

孟嘉（296～349年），字万年，富水镇人。幼丧父，奉母偕二弟居。为陶侃第十女婿，陶渊明的外祖父。

孟嘉学识渊博、才思敏捷，是当代名士，品行、文采无不被世人所称颂。他的一大爱好是饮酒，无论喝多少，无论醉到何种程度，他也从来不失礼、不失态。他沉着豁达、心态平和，从不喜形于色，待人接物正直而和顺，不贪恋权力。不管是朝中帝王将相还是朝外文人雅士无不对他心生敬意。

陶渊明幼年丧父，后来他的庶母也去世了，于是他与母亲、庶母留下的妹妹三个人一起生活，那时他年纪还很小，而封建时代的妇女又没有什么固定工作得以赚钱养家。孤儿寡母的，又失去了最主要的经济来源，加上原本就不富裕，生活之辛苦可想而知。为了减轻生活的压力，他们索性搬去外祖父家中生活。

外祖父孟嘉无论在品行上还是在文采上都为人称道，但是现留存的与他有关的文字或是他的诗篇却不多，几乎很难透彻地了解他，而最真实可靠的资料也莫过于陶渊明的那篇《晋故征西大将军长史孟府君传》了。

此篇是陶渊明为外祖父写的一篇传记。对于这篇传记的由来绝不是一时性起，而是外祖父对他有着非常深远的影响。公元401年冬天，陶渊明的生母孟氏去世，他悲伤至极。按照旧时惯例，古代官员的父母去世，官员要在家丁忧三年，静心守孝，不得为官。在丁忧的那段时间里，他想起了外祖父孟嘉，那位深刻影响着他一生的东晋名士，他把外祖父引为自己的知己，并在个性、修养等方面多有外祖父的遗风。于是他怀着对已故母亲的思念，饱含着对外祖父的无限崇敬写下了这篇充满高洁傲岸之情、自然况味之趣的孟嘉传记。

晋故征西大将军长史孟府君传

君讳嘉，字万年，江夏鄂人也。曾祖父宗，以孝行称，仕吴司空。祖父揖，元康中为庐陵太守。宗葬武昌新阳县，子孙家焉，遂为县人也。

君少失父，奉母、二弟居。娶大司马长沙桓公陶侃第十女，闺门孝友，人无能间，乡间称之。冲默有远量。弱冠，俦类咸敬之。同郡郭逊，以清操知名，时在君右，常叹君温雅平旷，自以为不及。逊从弟立，亦有才志，与君同时齐誉，每推服焉。

由是名冠州里，声流京邑。

太尉颍川庾亮，以帝舅民望，受分陕之重，镇武昌，并领江州。辟君部庐陵从事。下郡还，亮引见，问风俗得失。对曰："嘉不知，还传当问从吏。"亮以麈尾掩口而笑。诸从事既去，唤弟翼语之曰："孟嘉故是盛德人也。"君既辞出外，自除吏名，便步归家；母在堂，兄弟共相欢乐，怡怡如也。旬有余日，更版为劝学从事。时亮崇修学校，高选儒官，以君望实，故应尚德之举。

太傅河南褚裒，简穆有器识，时为豫章太守，出朝宗亮，正旦大会州府人士，率多时彦，君坐次甚远。裒问亮："江州有孟嘉，其人何在？"亮云："在坐，卿但自觅。"裒历观，遂指君谓亮曰："将无是耶？"亮欣然而笑，喜裒之得君，奇君为裒之所得，乃益器焉。

举秀才，又为安西将军庾翼府功曹，再为江州别驾、巴丘令、征西大将军谯国桓温参军。

君色和而正，温甚重之。九月九日，温游龙山，参佐毕集，四弟二甥咸在坐。时佐吏并著戎服，有风吹君帽堕落，温目左右及宾客勿言，以观其举止。君初不自觉，良久如厕，温命取以还之。廷尉大原孙盛为谘议参军，时在坐，温命纸笔，令嘲之。文成示温，温以著坐处。君归，见嘲笑而请笔作答，了不容思，文辞超卓，四座叹之。

奉使京师，除尚书删定郎，不拜。孝宗穆皇帝闻其名，赐见东堂，君辞以脚疾，不任拜起，诏使人扶入。

君尝为刺史谢永别驾。永，会稽人，丧亡，君求赴义，路由永兴。高阳许询，有隽才，辞荣不仕，每纵心独往。客居县界，尝乘船近行，适逢君过，叹曰："都邑美士，吾尽识之，独不识此人。唯闻中州有孟嘉者，将非是乎？然亦何由来此？"使问君之从者。君谓其使曰："本心相过，今先赴义，寻还就君。"及归，遂止信宿，雅相知得，有若旧交。

还至，转从事中郎，俄迁长史。在朝隤然，仗正顺而已。门无杂宾，尝会神情独得，便超然命驾，径之龙山，顾景酣宴，造夕乃归。温从容谓君曰："人不可无势，我乃能驾御卿。"后以疾终于家，年五十一。

始自总发，至于知命，行不苟合，言无夸矜，未尝有喜愠之容。好酣饮，逾多不乱。至于任怀得意，融然远寄，傍若无人。温尝问君："酒有何好，而卿嗜之？"君笑而答曰："明公但不得酒中趣尔。"又问："听妓，丝不如竹，竹不如肉？"答曰："渐近自然。"中散大夫桂阳罗含，赋之曰："孟生善酣，不愆其意。"光禄大夫南阳刘耽，昔与君同在温府，渊明从父太常夔尝问耽："君若在，当已作公否？"答云："此本是三司人。"为时所重如此。

渊明先亲，君之第四女也。《凯风》"寒泉"之思，实钟厥心。谨按采行事，撰为此传。惧或乖谬，有亏大雅君子之德，所以战战兢兢，若履深薄云尔。

赞曰：孔子称："进德修业，以及时也。"君清蹈衡门，则令闻孔昭，振缨公朝，则德音允集。道悠运促，不终远业，惜哉！仁者必寿，岂斯言之谬乎！

译文：

已故孟君讳名嘉，字万年，江夏郡鄂县人氏。曾祖父孟宗，因孝行而闻名，在吴国做司空一职。祖父孟揖，晋惠帝元康年间做过庐陵太守。孟宗死后葬在武昌郡新阳县，子孙在那里安家，于是成为该县人氏。

孟嘉少年丧父，奉养母亲同二弟住在一起，娶大司马长沙桓公陶侃的第十个闺女为妻，在家孝敬长辈，兄弟和睦，无人能离间他们使他们彼此疏远，为此受到当地人的称赞。孟嘉生性淡泊，语言简默，很有度量，20岁的时候，已经受到同辈人的敬佩和赞赏。同郡有个叫郭逊的，以清高的节操而非常有名，当时他的名声在孟嘉之上。他常常赞叹孟嘉温文尔雅、平易旷达，认为自己比不上孟嘉。郭逊的堂弟郭立，也是个有才华有志向的人，他与同时期的孟嘉名声相当，但常对孟嘉推崇信服。因此孟嘉名冠州里，远播京城。

太尉庾亮是颍川人，他以皇帝舅父的身份和在国内的威望，受命辅佐朝政，坐镇武昌，兼任江州刺史。他征召孟嘉为其所部庐陵郡的从事。一次孟嘉下郡回来，庾亮召见他询问下面风俗好坏与否。

孟嘉回答说："孟嘉不知道，待我回旅舍时问问随从的小吏。"庾亮拿着拂尘掩口而笑。诸位从事离开后，庾亮叫来弟弟庾翼并对他说："孟嘉毕竟是有盛德之人啊。"孟嘉告辞出来之后，自己除去其从事的官名，就步行朝家中走去。老母亲尚在，兄弟一起交谈饮酒，一派和悦的气氛。过了十几天，孟嘉被改任为劝学从事的官职。当时庾亮重视修建学校，选拔德高望重的人来担任儒官，凭着孟嘉的名望和实才，符合这一重视道德修养的职务非他莫属。

太傅褚裒是河南人，他干练而温和，很有度量和才识，那时他正在豫章做太守。有一回他离开豫章来朝见庾亮，适逢正月初一，庾亮大会州府人士，其中大多是贤俊名流之辈，根据官位高低来排序，孟嘉的座位离主座比较远。褚裒问庾亮："江州有个叫孟嘉的人，他在哪里？"庾亮说："他就在这，你只管自己找。"褚裒一一看过，于是指着孟嘉对庾亮说："难道是这人吗？"庾亮听后高兴地笑了，喜的是褚裒能一眼认出素不相识的孟嘉来，同时也为孟嘉能被褚裒认出来而感到惊奇，于是就更加器重孟嘉。

孟嘉被推举为秀才，又做过安西将军庾翼府的功曹，还做过江州别驾、巴丘县令。征西大将军桓温的参军。

孟嘉为人正派而和顺，桓温非常看重他。九月九日，桓温游龙山，所部参佐官吏全都到场，他的四个兄弟和两个外甥也都在坐。当时下属官员

都穿着军装，一阵风将孟嘉的帽子吹落在地，桓温给左右的人和宾客使眼色，让他们不要讲话，以此来观察孟嘉的反应。孟嘉开始并没在意，过了好一阵子起身上厕所去了，这才意识到帽子丢了。桓温叫人把帽子过一会儿再还给孟嘉，并且让当时在场的任谘议参军孙盛写篇文来嘲笑一下孟嘉。文章写好后给桓温看，桓温把它放在孟嘉的坐处。孟嘉返回坐处，见嘲笑自己的文章后，不动声色只是请求纸和笔以作答，拿过纸笔来丝毫不加考虑，文思一泻千里，其词超众卓越，四座之人没有不为他赞叹的。

后来他奉命出使京城，被任命为尚书删定郎，但是没有接受任命。晋穆帝司马聃听说了他的名声之后，要在东堂亲自召见他，而他以脚疾为借口推辞不去，说自己不能做拜见的礼节，最后皇帝爱才心切，还是下诏命人将他扶入东堂相见。

孟嘉曾经做过刺史谢永的别驾。谢永是会稽人，不幸突然去世，孟嘉请求前去吊唁，以尽往日下属的情分，修途中会经过永兴县。高阳俊才许询，辞去官职回归自然。他常常随心所欲，独来独往，此时正客居在永兴县界。一次他乘船到附近去，正遇孟嘉经过，他赞叹道："都市中的优秀人物我全都认识，唯独不认识这个人。也只有中州的孟嘉，只听说过他的名声而没见过他本人，难道这不正是他吗？可是他又因何而到这个地方的呢？"于是许询请人去向孟嘉的随从打听。孟嘉告诉来人说："我本就打算前去拜访许先生，只是现在我要先去吊丧尽义，过不了几天回来的时候就去许先生那里拜访。"孟嘉返回时，就在许询处连住两夜，两人谈话非常投机，又很有默契，就像是多年的老友，彼此间成为知音。

孟嘉回到桓温府后，转官为从事中郎，很快又升迁为长史。孟嘉在州府随顺和气，只是凭着自己的正直和顺而待人接物。家中没有闲杂的客人来往，有时候感到内心有所感触体悟，就超然驾车，直去龙山，对着自己的影子痛饮，直到很晚才回来。桓温曾经和缓温柔地对孟嘉说："人不能没有权势，不然我怎么能够驾驭您呢。"可见世人对他的尊重和推崇，连桓温这样的野蛮将军都对他尊敬有加。后来孟嘉因病在家去世，终年51岁。

从儿童时代直到50岁，孟嘉行事从不苟且求合，言辞之中也从不自我吹嘘，从未有过太直接的喜怒哀乐，表面上一直平静如水，没有阴晴变幻。喜欢痛快的饮酒，即使过量仍言行不乱。至于放纵情怀、得其意趣之时，便心寄世外、恬适安然，旁若无人。桓温曾经问孟嘉："酒有什么好处，以致你如此嗜好它？"孟嘉笑着回答说："明公你只是没得到酒中的意趣罢了。"桓温又问关于歌妓弹唱的问题，说："为什么听起来弦乐器不如管乐器，管乐器不如歌喉声乐呢？"孟嘉回答说："那是因为逐渐接近自然的缘故。"中散大夫桂阳人罗含，为孟嘉赋诗说："孟嘉善饮酒，不失其本意。"光禄大夫南阳人刘耽，过去与孟嘉同在桓温府中供职，我的叔父太常卿陶夔曾经问刘耽："孟嘉如还在世，是否可以做到三公的位置？"刘耽回答说："他本来就应当是三公中的人物。"孟嘉就是如此被当时的人所推崇与尊敬。

我已经故去的母亲，是孟嘉的第四个女儿。正如《诗经·凯风》"寒泉"之诗那样，对母亲的思念，充满我的内心。我谨慎地采录，考察孟嘉生平的行踪事迹，写成这篇传记。只是担心有错误遗漏的地方，有损于大雅君子的德行。所以在对待这篇传记上我一直战战兢兢，如履薄冰。

赞语是：

孔子曾经说："提高道德修养，增进业务知识，是想及时为当世所用。"孟嘉以高洁的情操隐居柴门之时，则美名远扬；出仕做官之时，则有口皆碑。天道悠远而人命短促，没能终成大业，多么可惜啊！有仁德的人一定会长命百岁，现在看来这话句岂不是说错了吗！

陶渊明在这篇传记里主要从"庾亮问风俗得失""龙山登高落帽""不受任命、辞谢帝王""吊唁谢永""与高阳雅士许询相交""神情独得顾景酣宴""渐进自然的丝竹人声""好酣饮逾多不乱的酒中趣"等充满智慧、仁爱、高洁、贤达、情义、品性的一些具体事例来呈现外祖父的一些生活片段，展示外祖父孟嘉的温雅平旷，冲默远量，行不苟合，言无夸衿，任怀得意，融然远寄，风流偶傥，名冠州里，声流京邑，俦类咸敬，盛德名流的种种贤德雅士之形象。可见陶渊明对外祖父的崇拜与敬仰之情铭刻在他的心里，并受益一生。

外祖父对名利的淡泊、对自然的崇尚、对饮酒的喜爱以及对酒中乐趣的感受、慎独的情操等无不在陶渊明的作品与处世中有所展现。"不为五斗米折腰"也好，"采菊东篱下，悠然见南山"也罢，其自然平实的生活无一不揭示着祖孙俩一脉相承的某些共性与旷达。

第二章

陶渊明的家庭生活

在陶渊明的人生道路上，给他影响最大的是母亲孟氏。孟氏是东晋名士孟嘉的女儿，知书达理，在丈夫去世、家境日窘的情况下，作为母亲，她仍传承陶氏家风。

渊明年少时连遭两次变故：8 岁时父亲去世，12 岁时庶母去世。从此孟氏独力支撑着一个家，把渊明及其庶母生的女儿即程氏妹抚养长大。可以肯定的是，孟氏给了儿子莫大的教育与引导。年轻的陶渊明不但饱读诗书，而且抱负远大，而这一切都与孟氏的教导督促是分不开的。

对于母亲的培养和教育，陶渊明始终是充满了感激和孝敬之心。母亲在世期间，由于"母老子幼，就养勤匮"（颜廷之《靖节征士诔》），渊明只好一次又一次地出去做官。就出仕而言，一者可以实现自己"大济于苍生"的理想，将少壮时的抱负付诸实践。二者可以获得俸禄以养家糊口。但是，孝敬母亲、体谅妻子、疼爱孩子，这浓浓的家庭情结时刻牵系在渊明的心头。他离家出仕时流着泪告别亲人时"掩泪泛东逝，顺流追时迁"（《杂诗》）；舟行路上，心里想的是"诗书敦宿好，林园无世情。如何舍此去，遥遥至西荆"（《夜行涂口》）；返乡探亲途中归心似箭，偶遇风阻航船，他屈指数着日子，急切盼望着能"一欣侍温颜，再喜见友于"；在风吹浪涌声中，他想到的是"静念园林好，人间良可辞"（《阻风于规林》）；为了宁静美好又充满温情的家园，陶渊明宁愿离开官场；当听到母亲去世的噩耗，身在江陵的陶渊明悲痛万分，立刻辞官回家奔丧。在《祭程氏妹文》中，陶渊明回忆丧母时的情形："昔在江陵，重罹天罚，兄弟索居，乖隔楚越，伊我与尔，百哀是切。黯黯高云，萧萧冬月，白云掩晨，长风悲节。感惟崩号，兴言泣血。"从诗中我们可以感受到他当时的尽哀尽孝。

对于母亲来说，渊明是孝子；对于妻儿来说，渊明是尽责的丈夫，是慈父。陶渊明很体谅、关爱妻子，因此陶渊明在家一有空就亲自管教儿子，"弱子戏我侧，学语未成音"。农忙时他又高高兴兴去地里劳动，"平畴交远风，良苗亦怀新。虽未量岁功，即事多所欣"（《怀古田舍》）。在这里，我们可以体会到他们一家人的和睦与快乐。

陶渊明对5个儿子的培养教育，既有殷切期望，又有平和慈爱。无论儿子们是贤是愚，陶渊明始终都牵挂在心。甚至到了晚年儿子们都长大了，陶渊明还在《与子俨等疏》中谆谆教导他们要团结和睦，同居同财。

儒家的仁爱思想让陶渊明热爱亲人，热爱生活。也是这份深情，这份家庭情结，成为他乐于归隐，安于田园和战胜艰难困苦的精神力量，也成为他创作出不朽诗文的生活源泉。

婚姻生活

陶渊明一生结过三次婚，前两个妻子年纪轻轻早逝，第三个妻子翟氏，比他小一轮，陪伴他到终生。陶渊明的婚姻是不幸的，两次经受中年丧妻的打击；陶渊明的婚姻也是幸福的，他的三个妻子都很贤惠，感情很深。

陶渊明25岁结婚成家，在那个时代，二十几岁已是大龄青年了，再不结婚恐怕会遭别人的耻笑。

陶渊明虽然从小就生活在农村，毕竟书生气浓一些，对农耕之事并不是很在行，所以家里的田地虽然不少但是经由他手种出来的庄稼却并不怎么样，收成也只是略有盈余。

娶媳妇了，也就意味着家里吃饭的人多了，柴米油盐的花费也就多了起来。慢慢地陶渊明开始有点吃不消了，他自己琢磨道，现在三口人吃饭，日子都过得捉襟见肘，若是以后生了孩子可怎么养活呢，他开始为生计担忧起来。

有一天叔叔陶夔过来看望他们，他就把叔叔叫到一边，把心里的疑虑跟叔叔唠了唠。叔叔听完后，思忖了半刻说道："这样吧，我给你问问，去寻阳当教书先生吧。"陶渊明听了自是十分高兴，这样就可以增加收入贴补家用了。陶渊明教授的都是些富贵人家的孩子，每天与书为伍，不用考虑太多的人事还是十分轻松自在的，况且他博学多才，孩子们和其他老师也都非常喜欢他。每当田地需要劳作的时候他就回来干活，没事就在学校教书。

陶渊明非常疼爱妻子，二人很是恩爱。婚后两年了，妻子还没有怀孕，陶母有些着急。

陶渊明上任江州祭酒不多时，妻子终于怀孕了，婆媳俩别提多高兴了！但是两人决定暂时不要告诉陶渊明，免得他刚入仕途就让他分心，于是就这样瞒了下来。

然而陶渊明"起为州祭酒。不堪吏职，少日自解归"。刚卸下官职的陶渊明回到家中，看到妻子有了身孕，高兴得不得了，几乎要蹦起来，手舞足蹈、欢呼雀跃得像个小孩。他心想为了儿子也要再出去某个差事，大不了再回去做老师就是了。但是妻子即将临盆还是守在身边的好。

妻子临盆的时刻终于来临，陶渊明赶忙找来同村的接生婆帮助妻子生产，只是等啊等，等了半天也没见孩子出来。这个时候接生婆也有点害怕了，让陶渊明赶紧请医生，只是医生赶到的时候婴儿已经窒息而死，不幸的是妻子也因难产撒手人寰。

中年还未得子就已失妻丧子，其悲伤之情难以言表。那段日子陶渊明经常暗自流泪，伤痛让他形容枯槁。时间是医人的良药。随着时间的流逝，渐渐地陶渊明才从悲伤中走出来。

一段时间过后，家里又给他找了一门亲事。

34 岁的陶渊明又迎娶了他的第二任妻子陈氏。陈氏知书达理，温柔贤淑，而且肤色白皙，面貌姣美。结婚第二年大儿子阿舒出生了，新生儿给陶家带来极大的欢乐。又过两年，二儿子阿宣出生。阿宣刚会跑，妻子又生了一对双胞胎，取名阿雍和阿端。陶渊明深爱他的几个宝贝儿子，特别是那对双胞胎。他夜晚读书的时候，也抑制不住内心的高兴，蹑手蹑脚走到床边，在微弱的灯光映照下，端详这双宝宝的小脸，像两块透红的美玉，长得一模一样。他觉得自己无比幸福。陶渊明最快乐的事莫过于跟孩子们玩耍，那个时候恬淡的生活与天伦之乐是陶渊明最大的幸福，至于名利早就被他抛到九霄云外去了。

随着一个个孩子的降生、成长，口粮明显开始紧张，于是陶渊明再度去当教书先生以贴补家用。在此期间，江州官员请他去做官都被他拒绝了，他觉得他不适合在官场，还是教书更适合他。

陶渊明教书期间还有一段趣闻。虽然他所授课的学校是贵族学校，孩子们也都是贵族子弟，但是并不意味着他们不喜欢学习。

陶渊明博学多才，课讲得很好，因此很多人都喜欢他，也愿意向他请教。据说曾经有一个少年请教他博学善闻的秘诀，他听后哈哈大笑，然后不紧不慢地说："任何事情都没有秘诀，也都只有一个秘诀，那就是勤奋刻苦。勤学则进，辍学则退！"

少年似乎并没有听懂。于是陶渊明拉着他的手来到屋后的稻田，指着一根苗说："你蹲在这儿，仔细看看，看看稻子有没有在长高？"那少年遵嘱注视了很久，仍不见禾苗往上长，便站起来对陶渊明说："没见长啊！"

陶渊明反问道："那如果它没有长高的话又是怎么从小小稻苗变成一棵这么高的稻子的呢？"陶渊明见少年低头仍是一句话不说，似乎在思考，便又说："其实是它一直都在生长，只是它生长的幅度很小，我们肉眼看不出来，实际上它每时每刻都在长高。读书学习也是这样，可能今天你觉得所学的东西没什么用，但是一年之后、若干年之后呢？知识是一点一滴积累的，慢慢的你就会发现自己的变化竟然如此之大，自己的学识如此的渊博。"

接着，陶渊明又指着溪边的一块磨刀石问少年："那块磨刀石为何像马鞍一样形状呢？""那是磨成这样的。"少年随口答道。"那它究竟是哪一天磨成这样的呢？"少年摇摇头。陶渊明说："道理其实是一样的。这是我们大家天天在上面磨刀、磨镰，日积月累，年复一年，才成为这样的，学习也是如。如果不坚持读书，每天都会有所亏欠啊！"

少年恍然大悟，连忙向陶渊明行个大礼说："多谢先生教诲，学生明白了。还劳请先生为我留几句话，以便自我勉励。"陶渊明欣然命笔，写道："勤学如春起之苗，不见其增，日有所长；辍学如磨刀之石，不见其损，日有所亏。"

就这样陶渊明从事着教书的事宜以便贴补家用，妻子则在家照顾老人和四个年幼的孩子，还要去地里干活。由于生育过密，加之平日操劳过度，身体虚弱不堪，在一个灾荒之年的暮秋季节，陈氏香消玉殒，魂归天国。陈氏的早逝，对于中年丧妻的陶渊明来说，悲痛得几乎难以自制。一天，他迈着沉重的步履，漫无目的地来到东园。秋意已经很浓，一阵西风吹来，使他感到了些许寒意，他下意识地走到青松之下，猛然间，他见西侧院墙的一角，有一棵盛开的菊花，花枝上缀着三四朵硕大的花朵，几只色白背青的凤蝶正在花朵周围飞舞盘旋，菊花与飞蝶，相映成趣，组成了一幅颇为自然和谐的图案。这情景使他想起了昨晚的梦境。昨晚他又与陈氏夫人在梦中相会，在一番缠绵之后，夫人对他说："我乃天上御花园中的菊花仙子，如今我俩尘缘已了，又重新回到天界，而今天地两隔，望夫君多多保重，勿以我死伤悲。"梦醒后，渊明的心里空落落的，现在见了这东园中的菊花，他的眼睛突然一亮，他想：那不就是我那位通体透光、神采夺目的美人吗？他快步走到菊花旁边，在它的四周垒起了一个小小的花坛，心中默默许愿：菊花啊！让我这一生与你永远相依相伴吧！

从此，陶渊明迷上了菊花，在东园辟了个花圃，专门用来栽培菊花。凡经过渊明亲手侍弄过的菊花，株株壮健，枝枝挺拔，花色艳丽，更奇妙的是一般菊花通常是春生夏长，秋季开花，而陶渊明的菊圃之中，几乎一年四季都有菊花在盛开，一茬接着一茬，可以说是长盛不衰，四季如秋。每当秋风一起，东园中的菊花竞相开放，花朵黄白相间，青红错杂，引得满园蜂蝶纷飞。一些倾慕者又给渊明加了一个雅号，尊称他为"菊仙"，也有人暗地里称他为"菊痴"。

妻子去世后，家庭的重担落到陶渊明母亲肩上。每天教书回来，看到四个不懂事的孩子乱成一团。这四个孩子就够母亲看的，谁来操持家务？家里没个主妇实在不行。

陶老夫人和叔叔陶夔商量，又给陶渊明提了一门亲事，等到第二年的春天娶进门。

陶渊明的第三任妻子就是翟氏，比他小一轮。翟氏是一个贤良女子，据《南史》本传说："其妻翟氏，志趣亦同，能安苦节，夫耕于前，妻锄于后。"翟氏贤惠能干，对婆婆悉心照顾，对前妻留下的孩子关爱呵护，在翟氏的打理下，陶家的生活渐有起色，经过她的一番整治，这个家庭又并并有条，其乐融融。陶渊明只管教书就行了，回家读书写字的时候，孩子也不围着吵闹了。翟氏有副好身板，农田里的活也很能干。每到农忙时，插秧或是收割，她都跟着陶渊明一起干，干得比陶渊明都利落。

结婚两年，翟氏为陶渊明生了个小儿子，乳名阿通。由于翟夫人吃苦耐劳，陶家的日子渐渐好起来。田里的庄稼年年丰收，粮食吃不了，每年都要酿些酒喝。每当新酒酿成，翟夫人先端一大碗给陶渊明。只要家里有酒，翟夫人每顿饭都为陶渊明备酒。陶渊明觉得饮酒是件很舒服的事，小饮小舒服，大饮大舒服，饮多了就醉过去了。

陶渊明的父亲情怀

陶渊明已成为后世文人的精神偶像，他的不为五斗米折腰、他的安贫乐道是中国古代士大夫精神世界可以最后永久固守的堡垒。

事实上，除了浑身静穆，除了金刚怒目，日常生活中的陶渊明也是一个非常看重人伦亲情的人。与妻子翟氏夫妻情深，"志趣亦同，能安苦节，夫耕于前，妻锄于后"，同父异母的妹妹程氏去世时，陶渊明"感惟崩号，兴言泣血"，哀痛之情摧心断肠；当从弟敬远离世时，陶渊明更是"情恻恻以催心，泪愍愍而盈眼"。面对生死离别，他难以割舍的不是功名富贵，也不是金银财宝，而是人伦亲情。陶渊明可以做到避世隐居，却做不到忘怀亲情。相反在他的一生中，始终把亲情伦理看作生命中最珍贵的事物。与夫妻之情、兄妹之谊相比较，陶渊明对人伦亲情的看重更明显地体现在他对五个儿子的无限爱怜之中。

人伦亲情在陶渊明的心中高于一切，承欢膝下的儿子尤其是充溢他孤寂心田的暖流，亲子之乐使他的心灵更加澄明清澈，让他甘于放弃一切功名利禄，安于隐居生活。

晋安帝隆安四年，即公元400年，陶渊明在桓玄幕下任职，完成公务从都还荆的途中曾做诗两首，即《庚子岁五月中从都还阻风于规林二首》，其一曰："行行循归路，计日望旧居。一欣侍温颜，再喜见友于。鼓棹路崎曲，指景限西隅。江山岂不险，归子念前涂。凯风负我心，戢枻守穷湖。高莽眇无界，夏木独森疏。谁言客舟远，近瞻百里余。延目识南岭，空叹将焉如！"在这里无法看到完成公务后的欣喜与自得，也无法看到忧国忧民之思或是飞黄腾达的希冀，陶渊明全部的情绪都集中于抒发归途受阻的无奈之情。他急于见到的是"南岭"和"旧居"，是慈母和兄弟。感念母亲的恩情，他决心从此在母亲身边守孝，不再仕宦。

在陶渊明心中，只要能与自己的骨肉长相厮守，平平安安，就足以使人"乐以忘忧，不知老之将至也"。

重视亲子之情，对儿子疼爱有加，却并不表示陶渊明对于儿子们的成长放任自流。他同样重视对儿子们的教育，是一位慈父，也是一位严父。《命子》《责子》《与子俨等疏》《有会而作》均是陶渊明专门写给儿子们的诗。诗中反映的至真至切的骨肉亲情代表着人世间最宝贵的一种感情，体现出陶渊明这位大诗人丰富的人情味儿，也蕴涵着他的率真和幽默，足以证明他一生情系儿辈的拳拳之心。

陶渊明有五个儿子俨、俟、份、佚、佟，小名舒、宣、雍、端、通。初得长子俨，陶渊明欣喜之余做《命子》一诗，诗中追述了陶氏家族悠久的历史和卓越的功勋："悠悠我祖，爰自陶唐。邈焉虞宾，历世重光"，"天集有汉，眷予愍侯"，"在我中晋，业融长沙"，"肃矣我祖，慎终如始。直方二台，惠和千里。于皇仁考，淡焉虚止。寄迹风云，冥兹愠喜"，尤其赞美他的曾祖长沙公陶侃、祖父武昌太守陶茂以及父亲的功业和美德。陶渊明对儿子提出了三个要求："名汝曰俨，字汝求思。温恭朝夕，念兹在兹。尚想孔伋，庶其企而！厉夜生子，遽而求火。凡百有心，奚特于我！既见其生，实欲其可。人亦有言，斯情无假。日居月诸，渐免子孩。福不虚至，祸亦易来。夙兴夜寐，愿尔斯才。"希望儿子牢牢记住自己名字的含义，向孔伋学习，为人温和恭敬；希望儿子在各个方面都比自己强；希望儿子谨慎处世，勤奋不懈，尽快成才。字里行间满溢着对儿子的疼爱和望子成龙的殷切期盼。

望子成龙，人心所同。陶渊明的高人之处，在于辩证地看问题。在他的《命子》诗中，既有"夙兴夜寐，愿尔斯才"的殷切期望，又意识到儿子是否成才，不完全是以个人意志为转移的，正如祸福的转换一般，陶渊明又同时做好了"尔之不才，亦已焉哉"的心理准备。

不幸而言中。十六年后，五个儿子的表现令陶渊明大失所望。

在他著名的《责子》中，陶渊明如是描摹他的几个儿子："阿舒已二八，懒惰故无匹。阿宣行志学，而不爱文术。雍端年十三，不识六与七。通子垂九龄，但觅梨与栗。"老大阿舒已 16 岁，懒惰程度天下第一，无人能比；老二阿宣将近 15 岁了，却不喜欢文术；雍与端（是孪生兄弟）13 岁了，却不识数，甚至连六与七都不认识；最小的阿通也将近 9 岁了，除了贪吃什么都不懂。

儿子们的表现与当年《命子》诗中的期望相差很大，与陶渊明自己年少时相比，也相差甚远。到陶渊明的少年时期不仅饱读诗书，而且志向远大。

陶渊明责子，又何尝不是教子、爱子？知子莫若父，了解了他们的个性与不足，才能因材施教，这恰是陶渊明责任心强烈的表现！

面对五个儿子的顽劣不才，陶渊明以平和慈爱、随其自然的心态看待，《责子》既有对诸子责备的成分，陶渊明虽然避世隐居，但这并不意味着弃绝仕途就要放弃对子女的教育。《责子》的批评之意是有的，也有戏谑爱怜的成分。责备也不是板起脸孔的教训，而是以打趣的语言表达出慈父对爱子的殷切期望和深挚爱怜之情。不像现在许多家长恨铁不成钢的急躁。在教育孩子的同时，陶渊明也有着深深的自责：由于家庭的穷困，自己不得不在官场几进几出，耽误了对孩子们的教育；妻子翟氏抚养五个孩子，在教育方面的确力不从心；关键的因素，还是孩子们的个性就是"总不好纸笔"，又焉能"牛不喝水强按头"？进一步说，即使孩子们很有文才，又能怎样？自己的出仕经历不是很好的例子吗？这就是天也、运也？还能责备儿子们什么呢？自己的内心已在隐隐作痛，与其说是责子，还不如说是责备自己！

陶渊明有着很深的家庭情结，功名利禄可以忘，忘不了的是自己的亲人和应负的责任。他对儿子们的培养教育有着很强的责任心，并非如有人所说的"嗜酒失戒""任其自为贤愚"。他责备儿子，并不意味着放弃，更不是厌弃。无论儿子们是贤是愚，陶渊明始终都把他们牵挂在心，与他们同甘共苦，绝不逃避责任。

陶渊明的挚友刘程之笃信佛教，孤隐庐山精研佛理，且"不以妻子为心，绝迹往来"。陶渊明归隐之后，他曾多次招陶渊明同隐，他都婉言谢绝了。陶渊明在给刘的和诗中开门见山地表明态度："山泽久见招，胡事乃踌躇？直为亲旧故，未忍言索居。"割舍不掉的骨肉亲情让他无法像刘程之一样选择离群索居的生活，他要担负起一个丈夫、一个父亲应尽的责任，决不随波。

责子之后，尤其是在隐居后的书琴耕读生活中，陶渊明对儿子们是怎样的培养教育，以及在此过程中为之付出了怎样的努力？

言传身教，创设育人环境。陶渊明学识丰富，对儒家六经、道家学说以及古代神话传说多有涉猎。他学习古代仁人志士不在于模仿其外在形式，而在于他们安贫乐道、信守忠义的精神实质，比如他写的诗《咏贫士》七首、《咏二疏》《咏三良》《咏荆轲》等，都是借古人故事的咏怀之作。对于书中的疑难问题，陶渊明还是要精研深思的。陶渊明对儿子的教育，正是通过自己的言传身教来影响、带动他们学习的。

陶渊明情趣高雅，有意识地美化生活环境。房前屋后，他种桃植柳，春夏间便有"榆柳荫后檐，桃李罗堂前"（《归园田居》）的美景；他在园子里种上菊花草药、竹林松树，于是每天都有"花药分列，林竹翳如"（《时运》）相伴，还可以"采菊东篱下，悠然见南山"；渊明不但爱松爱菊爱柳，自号五柳先生，还十分喜欢兰花和梅花。他把兰花种在院子里，可以一边饮酒一边欣赏"幽兰生前庭，含薰待清风"（《饮酒》）；即便是观赏"荣荣窗下兰，密密堂前柳"（《拟古》），也见其生机勃勃，可堪送友。他还在门前路旁种上梅花柳树，形成"梅柳夹门植，一条有佳花"（《蜡日》）的景观，花红柳绿，的确令人心旷神怡！

梅兰竹菊，桃李榆柳，既美化了家庭环境，体现了主人的雅趣，又潜移默化地熏陶了人的情操。对此，陶渊明自己也颇为得意地说："孟夏草木长，绕屋树扶疏。众鸟欣有托，吾亦爱吾庐。既耕亦已种，时还读我书。"（《读山海经》）这样的学习生活环境对孩子们的身心成长不是很有益吗？

以身作则，培养自食其力的劳动者。陶渊明热爱田园生活，亲自参加劳动的，他的行为对五个儿子起到了的表率作用。写《责子》诗时，大儿子俨已经16岁，最小的佟也已经9岁，正是身心成长的关键时期。他们既要学习，当然也要跟着父母一道去田间劳动。陶渊明隐居后，面对的是真切而实在的现实生活，柴米油盐，衣食住行，这一切都得靠全家人的劳动而获得。魏晋时并无科举考试，既然五个儿子"总不好纸笔"，世道又是如此动乱、黑暗，为什么非要儿子们在读书做官这条路上重蹈自己的覆辙呢？因此，让孩子们一边学习一边掌握劳动技能，把他们培养成为有文化自食其力的劳动者就成为必然。

陶渊明"不以躬耕为耻"，这是很反流俗的。不止于此，在劳动过程中，陶渊明逐步认识到了劳动的价值和意义，并且把他的汗水和收获、穷困和思考写入诗文：《庚戌岁九月中于西田获早稻》中他说："人生归有道，衣食固其端。孰是都不营，而以求自安？""田家岂不苦，弗获辞此难"。在《移居》中他又说："衣食当须记，力耕不吾欺。"这些生活感悟，自勉勉人，对孩子们固是起着耳濡目染的教育作用。

开朗乐观，沟通交流。陶渊明喜欢交朋友、性格开朗乐观。他不但和农友乡亲亲如兄弟，和朝廷官员如庞参军、庞主簿、殷隐、颜廷之、王弘等人也相处融洽。尤其是在南村期间，"邻曲时时来，抗言谈在昔。奇文共欣赏，疑义相与析"。"春秋多佳日，登高赋新诗"（《移居》）。陶渊明为人真诚友爱、能"和"能文、受人欢迎。

陶渊明的交往，能开阔孩子们的生活视野，对于养成良好的待人处世态度和乐观开朗的性格都是有益的影响。

陶渊明与朋友交往的同时，也没忘记与孩子们的沟通交流。他的诗中就有两次提到带着妻儿去郊游览胜。"久去山泽游，浪莽林野娱。试携子侄辈，披榛步荒墟。"（《归园田居》）在同采薪者的对答之中，让孩子们了解到世事的变迁、生活的艰难。陶渊明教育他们要了解社会，珍爱人生。陶渊明是生活的热爱者，他要逃避的是政治，而不是生活本身。《酬刘柴桑》诗中，陶渊明提到隐居之乐的重要一点，就是能和家人一起开心地郊游："命室携童弱，良日登远游。"还孩子们一个快乐的童年，让他们体会大自然的美好，生活的可爱，增进兄弟间的情谊，这在今天也不失为一个良好的教子方法！

把精神财富留给后人。陶渊明年过五十，依然穷困，而且疾病缠身，不能不考虑身后大事，他最放心不下的就是孩子。把什么留给他们呢？有一件史事，令陶渊明颇为感慨，《汉书疏广传》载：汉宣帝时，兰陵人疏广任太子太傅，其侄疏受任太子少傅。五年后叔侄两人功成身退，颐养天年。二疏还乡后，将所赠金银每日设宴款待族人故旧宾客，却不留下金银为子孙置办房屋田产，认为"贤而多财，则损其志；愚而多财，则益其过"。对此，陶渊明十分钦慕，专门做诗《咏二疏》，感叹"谁云其人亡，久而道弥著"。在《杂诗其六》中，陶再次尊崇二疏的情操："有子不留金，何用身后置。"晚年的渊明也是没有金银作遗产，唯有精神财富传给后人。

《与子俨等疏》写于陶渊明五十岁之后，此时的他贫病交加，病疾一度加重，他关爱着自己的五个儿子，虽然孩子们已渐次成家立业，在预感死亡来临时，他要对自己的一生有个总结，对儿子们有个交代。文中他回顾了自己一生的经历后，说："余尝感孺仲贤妻之言，败絮自拥，何渐儿子。"对自己的辞官归隐，保持清节，并不感到后悔。但由于自己的原因而使孩子们"幼而饥寒""稚小家贫"则"念之在心"，感到很惭愧。他远说"鲍叔、管仲，分财无猜；归生、武举，班荆道旧，遂能以败为成，因丧立功"的故事，近举汉末名士韩元长"兄弟同居，至于没齿"、济北范稚春"七世同财，家人无怨色"的例子，广征博引，教导五个儿子："汝等虽不同生，当思四海皆兄弟之义"，"他人尚尔，况同父之人哉！"要他们兄弟友爱团结、和睦相处。

《有会而作》是陶渊明晚年有意识地写给儿子们看的，"我今不述，后生何闻哉"。从序文中我们看到当时的情况：地里青黄不接，又遇灾荒，一家人屡受饥乏。在这物质极度匮乏之时，最需要的就是精神支柱和乐观的情怀。陶渊明用诗歌抒写情怀，他要把自己的思想告诉儿子们：尽管一生受尽辛苦饥乏，但绝不吃嗟来之食，守得住贫穷是自己历来的原则，任凭饥饿的侵袭，古代贫士的精神是激励自己战胜困难的力量，"馁也已矣夫，在昔余多师"。

陶渊明的骨头是硬的，像菊花耐得了风霜，像松树宁折不弯。到了乞食的地步，"檀道济馈以粱肉，渊明麾而去之，正是此语之应验，诚可敬哉！"陶渊明要留给儿子们的，不是金钱，就是这种松菊精神，这种独立人格与自由精神，这种对信念矢志不移的坚守！

陶渊明在教子问题上以身作则，言传身教，始终体现了感人的慈父深情。虽然陶渊明的子孙默默无闻，但这并不能否定他教子所付出的努力。陶渊明的家庭情结和他的诗文一样受到后人的无限崇敬，成为他田园精神的一个重要组成部分。

第三章

宦 海 沉 浮

陶渊明一生有三次出仕三次归隐，从晋孝武帝太元 18 年（393 年）初次出仕到晋安帝义熙二年（406 年）辞去彭泽县令，正好 13 年整。所以他在"归园田居"诗中曰"少无适俗韵，性本爱丘山，误落尘网中，一去十三年。"

三年游学史

陶渊明虽然有一个军功盖世、位至极品的曾祖父，但他出生的时候家道早已衰落。陶渊明在《赠长沙公》的序言里就说："昭穆既远，已为路人。"看来他家和继承了陶侃爵位、比较显赫富裕的同族人，早已没有了往来，在大街上碰见了根本不认识。陶渊明的父亲在他 8 岁时就去世了，剩下孤儿寡母，生活颇为艰难。如果按照土改时的标准给他家划成分，大概会划到富农，也就是说，有自己的田地，但只能在没有灾荒的年月自给自足，没有富余的田地出租给别人，自己一家人需要在田间耕作，农忙的时候还要请"门生"来帮忙。"门生"是以前陶家在寻阳落户时带来的"佃客"，本来耕种陶家的田地，要向陶家交地租，后来从陶家赎免了身份，有了自己的田地，不再交租了，但农忙时还有义务帮陶家干活，孩子小的时候也要到陶家当童仆，这样的人家就叫做"门生"。从"畴昔苦长饥，投耒去学仕"的诗句来看，陶渊明从小就在田地里干农活，他是放下了田间的农具之后才去游学求官的。他后来能够下决心抛弃仕途归隐田园，跟他青少年时代就是泥腿子有很大关系。

但陶渊明当然不是专在田里干活，除了耕作他还要读书。当年庾亮来到江州后，就提倡儒家经学，而陶渊明的外祖父孟嘉，正是被他挑去当了办学的儒官。陶渊明和他的曾祖父陶侃、外祖父孟嘉，从小都是孤儿。在陶渊明8岁那年父亲去世的时候，外祖父孟嘉还在。他看到小外孙又像自己当年那样成为孤儿，非常痛惜。而陶渊明正好又到了发蒙的年龄，孟嘉就送了他一整套儒家经书，对他寄予很大的希望。陶渊明十二三岁的时候，51岁的孟嘉去世了，留给陶渊明的遗物，就是那几部经书。陶渊明每到闲暇的时候，就拿起来攻读。"少年罕人事，游好在六经。"陶渊明从小就不爱扎堆，老是一个人静静地看书。"弱龄寄世外，委怀在琴书。""少学琴书，偶爱闲静，开卷有得，便欣然忘食。"他学习还很刻苦，有时连吃饭都忘了。

受到外祖父孟嘉的影响，从小就打下了扎实的儒家经学功底，他在诗文中也非常推崇儒家。陶渊明博采众家之长，但主要继承的是儒家思想，后文我再详细说明。

陶渊明酷爱读书，但他并非是个文弱书生，毕竟是陶侃的后代。陶渊明每天闻鸡起舞，从小就练出了一身好功夫，剑术尤佳。"少时壮且厉，抚剑独行游。"青年时的陶渊明身体很强壮，性情也很刚烈，腰佩宝剑曾经出门远游。

他非常佩服刺秦王的荆轲，晚年曾写了一首诗赞颂。"君子死知己，提剑出燕京。素骥鸣广陌，慷慨送我行。雄发指危冠，猛气冲长缨。"这位"士为知己者死"的荆轲，是何等慷慨地从容就义呀。他骑的马在黄沙飞扬的道路上长嘶，头发差一点就把帽子冲起来，鼻子里吐出的粗气把帽子上的红缨吹得像一团火苗。"登车何时顾，飞盖入秦庭。凌厉越万里，逶迤过千城。"真是义无反顾，快马加鞭。可最后呢？"图穷事自至，豪主正怔营。惜哉剑术疏，奇功遂不成。"地图展开匕首露出来的时候，秦王还愣了一下，但可惜荆轲的剑术还是次了点，所以没有成功。陶渊明敢说荆轲的剑术不精，正是因为他年轻时练得一身好剑法。

陶家所在的村庄是上京里，他家的房舍庭院取名为"园田居"。晋简文帝咸安元年（371年）的春天，已到弱冠之年的陶渊明，正领着几个"门生"在田里插秧。他的叔叔陶夔来到他家。

陶夔是东晋的一个小吏，因为哥哥死得早，他就有责任和义务来帮衬嫂嫂一家，所以没事就来陶渊明家看看，今天送些好吃的明天送些穿的，还时不时地敲打敲打陶渊明。

陶夔觉得祖上世代为官，不能到了渊明这里就断了啊，于是进门先跟嫂子打了招呼，然后意味深长地对陶渊明说："孩子啊，你曾祖父也是从乡下小孩一步步做到大司马的位置的，你爷爷是做官的，你爹也是做官的，咱们家世代读书并注重孝行和德行，不管官位大小也算世代为官了，总不能到你这儿这根线就断了吧。俗话说读万卷书、行万里路，如今你书读得是不少，但是眼界也只局限在书里、局限在这个小山村里，你应该出去走一走看一看了，出去闯荡下才能够有机会结交上层人士，也才能够走上仕途。一个人走的地方越多认识的人越广越容易成功，因为他的眼界宽广了，同时也积攒了人脉，你整天窝在这小山村里有什么出息呢。你看看这袖子上的土……"说完之后还不忘问嫂子的意见，陶渊明的母亲表示凭叔父做主。

于是，过了没几天陶渊明就走上了游学之路，临行前叔父给了他一笔盘缠，让他结交比自己优秀的或地位高的人士。陶渊明那个时候才 19 岁，还从未独自出过家门，突然离开家乡内心有点不舍，但是青春年少的时候好奇心都特别的强，书里的和现实中存在的未必一模一样。再说他的母亲也鼓励他多长长见识，游学不一定非要达到什么目的，但是开阔一下视野、结交几位当代名流总会是件丰富自己的好事。在这样的情况下，陶渊明上路了，一去就是三年。

城市中最繁华的地方非京城莫属，当朝统治者、达官显贵、名人志士也大都居住于此。东晋的京都是建康，也就是今天的南京。陶渊明离家之后最先去的地方就是京都建康。京城人的门第观念竟然那么严重。刚到建康的时候，别人问起他的来历，他总忘不了说自己是长沙公陶侃的曾孙，原以为别人会另眼相看，没想到人家给了他更多的白眼。陶侃的出身很低贱，祖籍是现在湖南西部的溪族人。湘西直到现代还是出土匪的地方，东晋时就更加荒僻了。陶侃虽然官至极品，但那些名门世族依然瞧不起他。

陶渊明到了京城，确实开了不少眼界，他见到了那些贵族子弟、富豪人家如何骄奢淫逸。只要是名门望族，年纪轻轻就可以做大官，做了官也不管什么事，整日在一起清谈老庄玄学。说是清谈，其实一点也不"清"，都是大摆宴席纵酒豪饮，天天放浪形骸，醉生梦死。

当时流行的风气是，几位名士聚到了一起，就把大门一关，脱光衣服，披头散发，一手拿着蟹螯，一手拿着酒杯，高谈阔论，滥食狂饮。去晚了的人见大门紧闭，就从狗洞往里钻。在这样的宴会上老子儿子都可以直呼其名，根本不讲什么父子君臣之礼，还可以赤身裸体地和侍婢歌妓调笑，荒淫无耻，不堪言表。自幼熟读儒家经书的陶渊明，在这些人中间如何能找到知己呢？

陶渊明刚到京城的时候，正好赶上庾亮的侄子庾柔和庾倩被桓温诬陷谋反，满门抄斩。去法场的道路上挤满了围观者，陶渊明也在看热闹的人群之中。他看到两家老老少少几百口人向刑场走去，有的妇女怀里还抱着婴儿。这么小的婴儿有什么罪？竟然也要被处死。一根根绳索把这些人的手反绑着联结在一起，有一里路长，由士兵在两边督促着向法场走去。有的人号啕大哭，有的人低声饮泣，更多的人面无表情，迷茫地往前走。

听人说海西公的三个儿子因为是野种，都被吊到皇宫外御道旁的杨树上，用马鞭勒死了。陶渊明也去看了看，三个皇子的尸体仍然吊在树枝上迎风飘动，散发出阵阵恶心的臭味。又听说新皇帝登基时，桓温居然将他的士兵带入宫内，在皇宫里擂起战鼓、吹响号角。陶渊明有一次还遇上桓温的车队经过，远远地就听到车轮滚动的声音，如雷霆一般，开道的马队用长鞭抽打道路两旁的行人，行人们都吓得四散奔逃。

陶渊明心中暗想：这个桓大司马好凶啊！又想到外公做他的部下居然做了半辈子，一定受够了气，难怪 51 岁就去世了。他开始感受到官场的黑暗和仕途的险恶。

才来了几个月，陶渊明就对京城里的达官贵人厌恶不已，也深深感到城里人都瞧不起他这个江州来的乡巴佬，于是离开了建康。带着这种悲凉与失落，陶渊明的诗作中，有几首提到了这次游学求仕的经历。《饮酒》第十首写道："在昔曾远游，直至东海隅。道路迥且长，风波阻中涂。"陶渊明离开了京都去了浙江和苏北等地区去游学，其他地方的民俗比起黑暗的京都来说要好些。陶渊明就是在现在的江浙一带，遇到了自己的初恋。于是就有了著名的《闲情赋》。这篇赋的内容及其他的文学价值在后文中有详尽的解析。

游学归来的陶渊明显然更加成熟了，他还把这段游学经历写成了诗歌，收录在《拟古九首》当中。具体如下：

> 少时壮且厉，抚剑独行游。
> 谁言行游近？张掖至幽州。
> 饥食首阳微，渴饮易水流。
> 不见相知人，惟见古时丘。
> 路边两高坟，伯牙与庄周。
> 此士难再得，吾行欲何求。

这首诗的大意是说他少年时代独自一人出去远游，从张掖到幽州，一路上艰难险阻，一路上荒漠水流，饿了就吃路边野菜，渴了就喝泉水溪流，只是这么远的路途这么久的游历并没有寻到伯乐也没有找到知音，想要的东西一件都没得到，游历本身也就渐渐失去了意义。

江州祭酒

　　魏晋时期门阀制度森严，门阀制度是封建等级制中的一种特殊形式，形成于东汉，盛行于魏晋南北朝。中国古代官宦人家的大门外有两根柱子，左边的称"阀"，右边的叫"阅"，用来张贴功状。后人就把世代为官的人家称为阀阅、门阀世族、士族。西汉武帝以后，崇尚儒学，官僚多以经术起家。他们授徒讲学，门生故吏遍天下，形成一种无形的社会力量，其子孙承家学，继续为官。久而久之，到东汉中叶出现了世代为官的大姓豪族。

　　可想而知，门阀制度盛行的那个时候门第观念有多重，陶渊明虽祖上有高官但到了他这儿早就黯淡了。况且他的曾祖父虽位高权重但也是靠白手起家，被那些世代为官、家族渊源深厚的人来说，不过是个跳龙门的鲤鱼，并不是非常尊崇。到了陶渊明的祖父和父亲那里，只做到太守的职位，而陶父在他8岁时就因病去世，可见其荫及子孙的事并没有掉到陶渊明头上多少，好在家里还有田地，还能生存，只是过得穷点罢了。

　　一日，江州别驾从事史郭若虚来到陶渊明家，告诉他刺史王凝之要征聘他为别驾祭酒，问他愿不愿意赴任，陶渊明犹豫了一阵。因为他早听说这位刺史在官府里设置道室，装神弄鬼，不是励精图治之人，去了恐怕跟他合不来，但又想到自己已近而立之年，如果不出去做一番事业，终老田园，

又实在是不甘心。这次机会错过，也许就没有下次了。自幼饱读经书，知道圣人所说忠君报国大济苍生的道理，江北为胡人所乱，已经五十余年，北伐大业未举，国家正是用人之际，身为长沙郡公陶侃的后代，怎么能够袖手旁观呢？母亲让他给在京口大将军府的叔父陶夔去信，征求他的意见，陶夔回信也极力劝他抓住眼前这个进入仕途的机会，拿一份国家的俸禄，让老母娇妻过上比较安定富足的生活，陶渊明只好走马上任了。

江州刺史王凝之是东晋著名书法家王羲之的儿子，谢安的侄女婿，他的夫人就是那位对着漫天飞雪吟咏出"未若柳絮因风起"的女才子谢道蕴。

王羲之是王导的堂侄，家居会稽，庾亮接替陶侃到江州后，请他来当参军，后来又升做长史，这样他就来到了江州。庾亮临死前向朝廷推荐王羲之做江州刺史，得到了朝廷的同意，这样王家在江州就有了根。后来王羲之到京城去做朝官了，江州刺史也换了好几任，现在又传到他的儿子王凝之手上。

王凝之早年读过陶渊明的《闲情赋》，觉得他是个不可多得的人才，于是就给他安排了祭酒的职位。这个职位也只有在江州才有（晋朝地方官自己有权设置自己下级官吏，只需向上报备就行了），是王羲之一手创立的，在江州那块土地上祭酒一职地位还是蛮高的。江州祭酒的"祭"，就是祭祀。官府举行的各种典礼和祭祀活动都由祭酒主持，当初王羲之创立这一职位也是为了自己方便，历来没有无缘无故的缘由。

晋孝武帝太元五年（380 年）的春天，29 岁的陶渊明由别驾从事史郭若虚带路，来到江州刺史府王凝之的道室。

进入到暗无天日、烟熏火燎的道室，陶渊明看到了盘腿端坐在张天师画像前的王凝之。他正在读书，进来了两个人也不抬头看一眼。

"明公，陶祭酒到了。"郭从事走到他身边在耳畔轻声说道。

王凝之放下书，抬头打量陶渊明。他面黄肌瘦，几绺山羊胡须在胸前飘拂，拂弄着胡须的手青筋毕露，手指又细又长。

陶渊明上前躬身施礼道："参见王府君。"

王凝之也不还礼，仍然端坐在座榻上说："不必拘礼。你就是写《闲情赋》的陶元亮先生吗？"

"正是在下。"陶渊明答道。

"看了那篇赋，老朽十分钦服，非常想见到先生，今日一见，果然是文如其人，风流儒雅、少年倜傥啊！"

"王府君过誉了，区区小作，尘秽视听，何足挂齿。"

"听说先生是长沙公的后人，是哪一支的？"

"渊明祖父是武昌太守。"陶渊明心里明白：这也是明知故问。

"先生是名门望族之后，所以才有这么好的才学啊。令叔现在桓大将军府做参军，老朽久仰大名，也曾见过几面，只是无缘倾谈讨教。他回来的时节请你告诉我一声，我想登门拜望。"

"岂敢岂敢，应该是家叔来拜望王府君才对！"

"郭从事，陶先生的官服官帽都准备好了吗？"王凝之又问郭若虚。

"早准备好了，只等陶祭酒走马上任。"

"那好吧，陶先生，你今天就把衣服换了，让郭从事带你在府里转转，熟悉一下地方，明天就可以居位理政了。其实做官并不比作文难多少，只要懂得无为而治的道理，不作怪就行了。"

"王府君赐教，晚生铭记在心。"陶渊明见王凝之闭上了眼睛，接着说，"要是王府君没有别的指教，晚生告退了。"

"好吧，刚来不太明白的地方就问郭从事，熟了就好办了。"

陶渊明从道室里出来，重新见到太阳，长长地出了一口气。他问身边的郭若虚："我看王府君的气色，似乎不大好？"

郭若虚低声说："他在练闭谷功呢，好几天没吃东西了，气色还好得了？"

"一点东西都不吃？"

"也不是，听说只吃药石，我也没见过是什么东西，他只在一个人的时候才拿出来吃。"

"石头怎么吞得下去？"

"大概是磨成了粉吧，叫做'五色石膏散'。"

"原来如此。"

王凝之是个比较有个性的人物，虽然没多少才能，在王羲之的儿子当中算得上是最平庸的一个了，由于他深信"五斗米道"，迷信"鬼兵"，孙恩攻打会稽时，王凝之不去准备应战而是设坛祷告，烧纸画符，不给手下安排任务，拉响警报做好准备却自信满满地告诉手下说已经请到"鬼兵"十万，大家可以高枕无忧了，于是刀枪入库、马放南山，接着叛军攻破城池，他也就在迷信中被杀了。"五斗米道"带有深厚的神学色彩，原本它只是为政教合一来服务的，说白了就是哄骗群众巩固统治，但是往往有些人自己就痴迷了，入教太深以致失去常理。据说王凝之还曾闭关不吃饭专吃石头，练就不老功，他常常用鼻孔看人，自以为是。

别驾祭酒管的事情太多太杂，如户口田赋，当时的赋税是按人头收的，桓温三次北伐，连年征战，江州人口锐减，赋税也就比以前少了好多，而豪强地主为了逃避赋税，都将新增的人口隐瞒不报，长此下去，国库就越来越空虚了。陶渊明带着人下去查户口，那些豪门望族根本就不把小小祭酒放在眼里，碰了好多钉子之后，他才明白只要王凝之不下决心，户口就根本查不清楚。可王凝之天天躲在他的道室里不出来，陶渊明去进见，他总是讲些无为而治的道理，根本就对查户口不感兴趣，更不想得罪那些豪门望族，国库空虚不空虚，他才懒得管呢。陶渊明要是去多了，他还给脸色看。

再说案件，各郡县交到州里的案子并不多，可只要交上来的都是难以查办的大案要案。要是查到那些土豪恶霸的头上，就查不下去了。这些土豪恶霸有的在京城里有靠山，王凝之根本不敢得罪；有的是大将军府的座上客，王凝之还要求他们在桓冲那里说好话；有的给王凝之送了不少贿赂，他自然是拿人的手软，有意袒护了。这些案子费了陶渊明不少精力，可还是一件也无法查办，最后陶渊明干脆把送来的案卷堆在那里，翻都懒得翻了。

大将军府不断派人来，要粮要钱要兵器铠甲。要粮，各个郡县收不上来粮食，陶渊明又有什么办法？要钱，江州府的国库已经很空虚了，维持自己的开支都是勉强，再给他们自己的官吏士卒都要发不出俸禄了。要兵器铠甲，那是给多少都不会够的，这次给了下次再来要再给什么？陶渊明只好极力搪塞，逼得没办法再给一点，后来干脆避而不见，推给郭若虚去接待。

这时到了播种插秧的季节，按照惯例州里要派人下去劝农，也就是监督播种插秧的情况。陶渊明想到春天的田野，想到青青的禾苗，想到可以离开官府呼吸几天新鲜空气，就提出自己带着人亲自下去。这个劝农的活没什么油水，大家都不想去，自然乐得让他去。他和别驾从事史郭若虚比较谈得来，郭若虚也愿意陪他，就一块去了。

陶渊明劝农完毕，回到府衙，看到院子里堆满了木头，每根都有两三丈长，十四五围（两手拇指和食指相合的约略长度），大兴土木准备修建什么呢？一打听才知道，原来是王凝之要在刺史府里修一座道观。可江州的国库已经很空虚，哪来的钱呢？再一打听，原来是挪用了加固溢浦口长江堤防的钱。

陶渊明一听就着急了，马上闯进了王凝之的道室。王凝之正拿着一把桃木宝剑手舞足蹈，念念有词，案上的香炉冒着青烟，香炉下面压着一张符。

"明公"，陶渊明喊了一声，王凝之似乎没听见，还在那里跳大神，他又喊，"明公，明公……"

王凝之停了下来，回头一看是陶渊明，马上拉长了脸："是陶祭酒啊，有什么事吗？"

"在下听说要动用加固长江堤防的钱粮修建道观，果有此事？"

王凝之坐到榻上，闭上眼睛养了半天神，才哼了一声：

"嗯……"

"万万不可！春归夏至，雨水频繁，一旦长江上游江水暴涨，溢浦堤防溃口，就会生灵涂炭啊！"

"祭酒多虑了，"王凝之翻起眼皮瞪了他一眼，"老夫夜观天象，今年将是旱灾，长江堤防，根本不需要加固。"

"万一……"陶渊明本想说"万一算得不准"，话到嘴边又咽了回去，"就是旱灾也需要引水保苗，也需要钱粮啊。"

"老百姓自己会引水保苗的，他们才是种田人嘛。我修道观也是为了旱年祈雨、水年唤日，也是为了造福苍生啊。只有修好道观才能引来高人，引来了高人才能呼风唤雨，保我江州风调雨顺，五谷丰登。"

"可是……"

"陶祭酒，你不是谏官，做好自己的分内事就行了。修道观的事情，我还准备交给你呢。"

"啊……"陶渊明的脑门出汗了。

"你去找吴主簿交接一下吧。"

"那……在下告退了。"

陶渊明从道室里出来，不去见主簿，而是找到郭若虚，问道："往年旱灾水灾，刺史都算得准吗？"

郭若虚看着陶渊明那副认真的样子，"扑哧"一声笑了："哪里算得准？但是真来了水灾他也不怕。"

"何以见得？一旦长江堤防溃口，生灵涂炭，朝廷不会怪罪吗？"

"别处的堤防都不能溃口，就是江州的堤防可以溃口。"

"岂有此理？"陶渊明更奇怪了。

"你想想，江州的下游，是京师建康，是万万不能受灾的。江州的堤防要是太结实了，一旦水流到下游溃了口，朝廷才会怪罪呢。"

陶渊明愣了半天，又问道："那为什么朝廷每年还拨专款加固堤防呢？"

"还不是做做样子。"

"原来如此，他是有恃无恐啊！"

"你来的时间太短了，好多事情还不明白。"郭若虚笑道。

"我就算不能拯民于水火，也决不替他修建道观！"

陶渊明斩钉截铁地说完，转身就走，回到住处后摘下官帽脱掉官服，卷起铺盖就回家了。

陶渊明回家后，又当起了教书先生。这一年真是天旱，江州老百姓逃过一劫。过了几个月，王凝之又派人来请陶渊明去当主簿，官比祭酒还大，陶渊明死活不去。

这是他的第一次出仕。

桓玄门下

谈及陶渊明的第二次入仕，还要介绍一下当时的历史背景。

太元二十一年（396 年）九月二十日夜里，孝武帝又喝了个酩酊大醉，跟自己最宠爱的妃子张贵人开玩笑要废掉她另寻二八佳人，没想到张贵人竟信以为真，等孝武帝熟睡以后，叫几个宫女用被子蒙在孝武帝头上，将他闷死。皇太子司马德宗还只有 15 岁，而且是个白痴。他咿咿呀呀连话都说不清楚，天冷天热也感觉不到，吃饭睡觉全要人侍候。幸好他弟弟司马德文性情温和朴实，常在他身边细心照料。这个傻太子如何能追查父亲的暴毙呢？而晋孝武帝的弟弟司马道子则认为皇帝哥哥死得好，只要把皇太子这个白痴捧上皇位，以后他更可以肆无忌惮了。第二天太子司马德宗登基，就是晋安帝。

司马道子仍然沉迷于酒色之中，无心管理朝政，他让年仅16岁的儿子司马元显去管，任命他为侍中、镇虏将军。孝武帝死后，司马道子父子同王恭和殷仲堪的矛盾逐渐激化，两人联合发兵讨伐，经过几年混战，王恭被他的参军刘牢之出卖，被俘而死，刘牢之归顺朝廷，从小小的参军一跃成为都督兖、青、冀、幽、并、徐及扬州晋陵诸军事，权势炙手可热。桓温的小儿子桓玄在战乱中迅速崛起，任江州刺史，和荆州刺史殷仲堪、雍州刺史杨佺期成为长江中上游的三大巨头。他们相互交换子弟做人质，在寻阳结盟同司马道子父子和刘牢之对抗，东晋政权出现了新的格局。

晋安帝隆安二年（398年），47岁的陶渊明收到了叔父陶夔的来信，不用看他就知道，一定又是劝他出去做官。桓冲死了以后，陶夔在荆州不好待了，就到京城做了太常卿了。太常卿是管国家祭祀礼乐的官，不及将军府的参军有油水，但比参军要风光体面多了，而且在京城里扎下了根。

这几年他老写信来催陶渊明到京城去，说是在朝廷里一有机会就能帮他捞个一官半职。陶渊明始终以老母年事已高、儿子又多又小推辞，不肯去。做京官就等于进入到政治斗争的旋涡中心，说错一句话都可能掉脑袋。回想起当年在京城亲眼看到庾、殷两家几百口被满门抄斩的场面，回想起三位皇子的尸体吊在杨树上随风飘动的情景，他就不寒而

栗。陶夔是不改其乐，渊明却不堪其忧，早就下决心一辈子不到朝廷去做官。但看了陶夔今天来的这封信，陶渊明动心了。

信上说，桓玄已经做了江州刺史，陶夔推荐陶渊明去投奔桓玄。

桓玄是桓温最小的儿子，桓温死的那一年才4岁，由他继承了桓温的爵位。桓玄长大后，身材魁梧，相貌堂堂，博学多才，自命不凡，常常流露出气吞山河的雄心壮志，人们都有点怕他。23岁任义兴太守时，桓玄登上高山，眺望和太湖联结着的几个湖泊，只见波涛万顷，浩瀚如海。他一点都不感到心旷神怡，反而觉得满目凄凉和一肚子的失意，长叹道："父为九州伯，儿为五湖长！"一怒之下，把官帽、官服、官印扔在官衙里，自己回到江陵封邑。孝武帝死后，桓玄抓住王恭、殷仲堪同司马道子混战的机会，充当殷仲堪的讨伐先锋，屡立战功，很快脱颖而出，成为和殷仲堪平起平坐的朝廷重臣。

近几年陶渊明从街谈巷议中不断听到桓玄的事迹，他放弃义兴太守这样的闲官，显示了远大的志向；他助殷仲堪扫除朝中奸佞，显示了卓越的见识；他一路势如破竹打到石头城下，显示了他的武略；而陶渊明最近看到了广为流传的他写给朝廷的一份奏章，又觉得他颇有文才。桓玄在奏章中说，自己的志向像先父桓温一样，"以身报德，投袂乘机"，要"使窃号之寇系颈北阙，园陵修复，大耻载雪，饮马灞浐，悬旌赵魏"，完成北伐大业，他还指出朝廷"权门日盛，丑政日繁"的现状，提出"去凡佞、擢俊贤"等许多正确主张。

陶渊明觉得他的话切中时弊，几条主张也很有见识，以为投奔到他的手下，有可能施展自己的抱负，为国为君为民实实在在做一点事情。外祖父孟嘉做了桓温多年的僚佐，叔父陶夔又在桓温、桓冲帐下做了多年的参军，凭着这两层关系，带着叔父的介绍信，想必桓玄是会收留他的。"四十无闻，斯不足畏"，济世救民匡扶天下的抱负，在陶渊明心中始终没有泯灭，他毕竟是长沙公陶侃的后代，又生在山河破碎、五胡乱中华的时代，怎能没有一腔热血呢？只是自己一走，家中这老老小小怎么办？翟夫人只怕累死了也忙不过来。家里没个男人实在是不行，总要托付一个可靠的人才能放心。他想来想去，觉得只有找堂弟陶仲德了。

陶仲德字敬远，比陶渊明整整小 30 岁，这年才 17，还没有成家。他的母亲也是孟嘉的女儿，和陶渊明的母亲是亲姐妹。孟嘉把自己的两个女儿嫁给小舅子陶茂的两个儿子，一个生了渊明，一个生了仲德。陶仲德的父亲也在他年幼的时候就去世了，陶渊明一家自然很照顾他们家，他也时常到渊明家来玩。陶渊明想，让他平时帮着翟氏干点挑水打柴之类的重活，农忙的时候搭一把手，他一定肯，万一家里遇到什么瓜田李下的纠纷，也可以让他帮着出出头。跟仲德一说，他果然答应，让陶渊明放心去做官，家里他一定帮着照应。

陶渊明还未进入桓玄的中军大帐，就听到里面有歌舞之声。他以为桓玄一定是在宴客，可进去一看，只有桓玄一个人在欣赏两队美女的歌舞，面前的几案上摆着美酒佳肴，身边还有一左一右两名侍女在劝酒邀宠。中军大帐竟是这样一幅景象，陶渊明刚走进去就想退出来。

桓玄见陶渊明进来，也不停止歌舞，态度颇为傲慢。等到陶渊明把叔父陶夔的引荐信呈上，又说出自己是长沙公陶侃之后，外祖父孟嘉当过桓温多年的长史，叔父也先后做过桓温和桓冲的参军，桓玄才突然做出礼贤下士的样子，把歌妓舞妓都轰了出去，请陶渊明坐下，与陶渊明畅谈起来。

"先生是长沙公之后……自本朝南迁以来，长沙公的赫赫功勋，也只有家父可以媲美了。"

"啊……是……"陶渊明自然不喜欢他把自己的曾祖父同久怀篡逆之心的桓温相提并论，但也不能反驳，只好含糊地答应着。

"孟府君是荆江一代人望，他给家父的许多信函文章，家父都留给了我，多年以来，我时常拜读的。"

"将军过誉了。"

"令叔在朝廷做太常卿，一向安好吗？"

桓温死的时候桓玄才4岁，是叔父桓冲抚养他长大，陶夔做过桓温和桓冲两个人的参军，是看着桓玄长大的，说不定他小的时候还抱过他，有了这层关系，桓玄当然要收留陶渊明了。

"家叔到朝廷后再没回过江州，我也没去过京城，多年没见面了。"

"啊，好说好说，以后你在我这里做事，出使京城的机会多着呢。"言外之意是已经收下陶渊明了，不知为什么，陶渊明却一点都不觉得高兴。

"我读过先生的《闲情赋》，'愿在衣而为领，承华首之余芳，悲罗襟之宵离，怨秋夜之未央……'真是孤篇独绝，压倒千古！"

"将军实在是过誉……"陶渊明被桓玄夸得脸都红了，笨嘴拙舌不知该说什么。

这个桓玄果然是博综文艺，竟然能随口背出几句自己写的《闲情赋》，陶渊明不得不佩服。他的口才也不得了，对着陶渊明滔滔不绝地说了半天，根本不想听陶渊明答话，让人觉得他热情得有些过分。可刚才他是多么冷淡傲慢啊，只顾自己欣赏歌舞，根本不愿看陶渊明一眼。现在又把陶渊明的一篇赋吹捧得天花乱坠……

"先生文才卓越，就在我的都督府里做记室参军吧。先生以前是否……"

"做过江州刺史府的别驾祭酒。"

"啊，那在我这里做记室，实在是有些屈才，权且委屈几日，日后再升迁高职吧。我已经决心北伐，只要能荡平伊洛、克复神州，朝廷必有封赏，先生只要恪尽职守，将来不愁位列公卿。"记室是管理文书拟定的官，在幕府中地位并不算低。

"渊明初来乍到，与将军素昧平生，将军就委以重任，渊明不胜惶恐之至。我蹉跎半生，如今已四十有七，博取功名实在是有些晚了。久仰将军的文韬武略，又经家叔点拨，今日投奔到将军帐下，只愿做一名马前小卒，能够为国家社稷尽一分力，也算不枉活一世。"

桓玄那一年刚刚30岁，在他面前陶渊明的确是有些老迈，但桓玄也并没有给陶渊明留下风华正茂、少年英武的印象。桓玄的身材的确魁梧，但体态却有些发福，已经养出了一身肥膘，并不是能征善战的武将。陶渊明自幼习武，上不上得了马，拉不拉得开弓，他是一眼就能看出来的。桓玄长得方面大耳，的确是很排场，但脸上的气色却显得委靡不振，联想到刚才还被他左拥右抱的美人，陶渊明看得出他好色贪杯，已经掏虚了身子。要说他有文才，的确是有，陶渊明的《闲情赋》都能随口背出几句，经史子集想必更不在话下。但这些东西打起仗来管什么用？治理国家又管什么用？他肚子里到底有多少治国平天下的真才实学？陶渊明初次见到桓玄，就觉得他是"盛名之下，其实难符"。

陶渊明做了桓玄的记室参军，没过多久，就觉得桓玄对他极不信任，跟他的长史卞范之谈话的时候，总是让陶渊明回避。记室是处理文书案卷的，整天都要向桓玄请示汇报，每次到桓玄的中军帐前通报的时候，桓玄都让他等老长时间，让他很不舒服。陶渊明想不通，他哪有那么多事情需要鬼鬼祟祟的。但世上没有不透风的墙，时间一长陶渊明也知道了，原来桓玄跑到朝廷去向司马元显献媚，贿赂他身边的人，甚至收买常常出入王府的尼姑想算计殷仲堪和杨佺期。殷仲堪惧怕桓玄来攻打自己，就和杨佺期结成了儿女亲家，相互依赖。

陶渊明没想到桓玄用这样的伎俩为自己捞好处，他觉察出桓玄不是自己向往的明主，只是个自私自利的小人，在他的手下不可能实现自己的抱负，就萌生了去意。但上贼船容易下贼船难，桓玄的将军府不是王凝之的刺史府，不是说来就来想走就走的，一旦把桓玄惹火了，说不定还要掉脑袋。他只能这样安慰自己：只要能为国为民做事，管他在谁的手下呢？谁还没有私心，只要桓玄不失大义，有北伐中原的一天，自己就算没白来。

陶渊明当时还不明白，桓玄压根就没想要北伐中原，

那只不过是他招贤纳士、招兵买马的幌子，他现在一门心思只想着火并殷仲堪和杨佺期，扩大自己的势力。

晋安帝隆安三年（399年），荆州发大水，许多地方一片汪洋。殷仲堪开仓赈济灾民，粮仓很快被吃空。桓玄乘人之危，突然从夏口发兵西上，进军江陵。殷仲堪赶快派出专使，要杨佺期全力以赴来救援。闻讯赶来的杨佺期的兵马饿着肚皮，如何能久战？很快就溃不成军。杨佺期和殷仲堪也都被桓玄杀死。

就这样，桓玄占领了江陵和襄阳，荆州和雍州都成了他的势力范围。司马元显没想到桓玄这么快就火并了殷仲堪和杨佺期，只好任命他为都督荆、江、司、雍、秦、梁、益、宁七州诸军事，兼领荆州、江州刺史。桓家势力重新控制了长江中上游，桓玄已经有条件干他老子想干又没有干的事情。他火并殷仲堪杨佺期也是乘人之危、胜之不武，为了自己的私利兴这样的不义之师，诛杀朝廷命官，还有什么名节可言？陶渊明逐渐认识到桓玄不过是一个自私自利、野心勃勃的小人，自己来投奔他是走错了一步棋，但已经身在曹营，无可奈何了。

正当桓玄在长江中上游打得热闹的时候，下游爆发了大规模的农民起义，起义是由"五斗米道"发动的。长江中上游自桓玄割据之后，朝廷就无可奈何，长江下游北岸由北府兵控制，对诏命也是阳奉阴违。因而朝廷的给需和世家大族的盘剥，全都落到吴郡和会稽等八个郡的农民身上，连年横征暴敛，百姓苦不堪言。而司马元显这时候想效法谢安创立北府兵，要建立一支由他直接指挥的"乐属"队伍。他强迫过去是奴隶（或祖上曾是奴隶）而现在

释放为"客户"的人，迁到京师地区，组成"乐属"，再从"乐属"中抽丁当兵。这些人当然不愿回去接着当奴隶，纷纷逃亡。官府凑不足兵员数，就强迫其他农户顶替客户。稍有反抗，就被捕入狱，九死一生。弄得多少家庭妻离子散，民怨沸腾。受到官府迫害的"五斗米道"的信徒们，趁机发动起义，顿成燎原之势。

隆安三年（399年），逃亡到海岛的"五斗米道"首领孙恩带领一万多人的队伍渡海登陆，各地农民纷纷揭竿而起。桓玄听到"五斗米道"起义的消息，非常高兴，命陶渊明写好《讨海贼表》，向朝廷表示自己请缨出战讨伐孙恩的决心。

一份奏章并不难写，但陶渊明写的时候却疑虑重重。桓玄真想去讨伐孙恩吗？陶渊明已经了解桓玄的为人，根本不相信。桓玄巴不得起义军消耗掉北府兵的兵力，怎么会去帮北府兵呢？他不过是想找一个扩充军备的借口。但军令难违，只得硬着头皮写。陶渊明写好后给桓玄看了看，桓玄很满意，让他即日收拾行装亲自将《讨海贼表》送到京城，并代他问候陶夔，好像还是在照顾他。陶渊明只好动身。桓玄火并了殷仲堪和杨佺期后，将都督府迁到了江陵，陶渊明这次就是从江陵出发的。

这一趟京师之行令陶渊明大开眼界。踏进江南八郡的地面，他就看到了田园凋敝、民不聊生的景象，也听到了一些奇闻怪事，明白了这里的农民为什么要起义。这些年江南的赋税实在是太重，特别是淝水之战以后，最多加到每人每年五斛（一斛为十斗）。穷苦人家就是把全年的粮食都交上去，饿着肚皮也不够。陶渊明以前只听说豪强世族霸占土地，现在却亲眼见到他们连江河湖泊都据为己有。老百姓即使放置一个捕鱼的竹篓，或是钓上一条鱼，钓竿和鱼篓都要被没收；捕鱼钓鱼的人要被扣押，一定要送去十匹麻布，才能释放。

海陵县东面濒海的滩荡地区（当时海岸线在今泰州、东台、海安一带），有一块岸滩，长满芦苇和茭白，密密麻麻地望不到边。许多交不起租税的农民，扶老携幼逃到里面，官府不易追捕。镇北将军毛璩带兵去搜索，竟派兵在周围放火，顷刻浓烟滚滚，到处哭爹喊娘，没有被烧死的逃出来几万人。毛璩抓住万余名青壮年，强迫他们当兵，因而受到朝廷嘉奖，升为益州刺史。朝廷如此昏暗腐朽，官府如此心狠手辣，百姓焉能不反？

陶渊明还听说起义军攻打过来的时候，粮价飞涨，花多少钱都买不到，以致许多大户人家怀揣金玉活活饿死。为了搜捕起义军，官府滥杀无辜，成千上万的男女老少惨遭屠杀，不少地方连人影都看不到，几个月后才有人重新回到家园。粮食早已被北府兵抢光，人们饿得头昏目眩，有人竟互相交换子女，杀了充饥。一路上的情景都是目不忍视、耳不忍闻。

陶渊明到了京城，拜见了叔父陶夔，陶夔的日子也不好过。这些年连年征战，军费浩大，国库空虚，官吏的薪俸很难发出，因为粮价飞涨，朝廷就规定司徒以下的官吏每天领七升米，以此代替薪俸，哪天不去上班，连这七升米都没有。陶夔一天都不敢告假，一旦告假全家就要饿肚皮。他还是能够直接和皇帝打交道的三品官，比他小的官吏就更惨了。官吏尚且如此，黎民百姓就不用说了。

陶夔还对陶渊明讲了司马元显最近的所作所为，让陶渊明哭笑不得。司马元显小小年纪，却规定凡是公卿以下见了他都要跪拜，骄横不可一世。他还严密控制父亲司马道子，只要有官员跑到父亲那边去谈话，他就要再三追查，甚至直接去质问司马道子。司马道子被这个儿子气得痛哭流涕，更加狂喝滥饮，借酒浇愁。父子俩丑态百出，京城人哭笑不得。国家社稷就掌握在这一对父子手里，岂能不颠覆？

叔父家如此困难，陶渊明不便久留，他急着要去见司马元显交差了事，好赶紧回去。等了十来天，终于等到了司马元显的召见，急忙怀揣着《讨海贼表》去了。

司马道子当初修建府邸，堆山挖湖，奢靡不堪，司马元显又继承了父亲的传统，府邸修得更广阔更堂皇，简直超过了皇宫。陶渊明从大门进去，五步一楼，十步一阁，踏着铺地的金砖直走了好久，才走到殿堂。一处处假山怪石，一处处奇花野藤，一处处亭台水榭，一处处珍禽异兽，都是平生所未见。殿堂内朱漆庭柱，玉嵌台阶，彩绘栏杆，雕饰屋椽，令人眼花缭乱。陶渊明又不知过了几道磨得白汪汪发亮的铁槛，等闻到兰馨氤氲桂子飘香的气息，再绕过一道屏风，才见到了端坐在书案前的司马元显。厅堂内金窗夹绣户，珠箔悬银钩，层层帘幕，阵阵笙箫，恍如人间仙境。

等侍卫高声通禀后，陶渊明不由得被大将军府的气势所折服，又听陶夔讲过见司马元显要跪拜的礼节，跪下禀告：

"都督荆、江、司、雍、秦、梁、益、宁八州诸军事桓将军幕下记室参军陶渊明，拜见大将军。"

"平身。"

陶渊明站起身来，再抬头看去，司马元显还是个20岁的青年，端坐在一张长榻上，就像一杆大秤配了个小砣，压不住准星。他嘴唇上还没长胡碴，一脸稚气，奶声奶气地问陶渊明："你就是桓玄派来的吗？"

"是。"陶渊明吃了一惊。不直接称呼别人的名讳是老百姓都讲究的起码礼节，桓玄现在是都督八州诸军事、兼领两州刺史的朝廷重臣，更不能这样称呼。司马元显连起码的礼节都不讲，实在让陶渊明想不到。

"送什么表呀，拿上来吧，还有别的东西吗？"

陶渊明忙不迭地把《讨海贼表》交给侍卫，又小心翼翼地拿出桓玄让他带来献给司马元显的一对水晶珍珠盏，一起呈上去。

司马元显先把《讨海贼表》撂到一边，拿起水晶珍珠盏把玩了两下，就让侍卫收起来，并不在意。再拿过《讨海贼表》，随便看了两眼，就放下了，问陶渊明："桓将军真的想过来平定海贼？"

"桓将军听说海贼祸乱江东，震动京师，深为忧虑，日夜操练兵马，想西下荡平海寇，匡扶社稷。"

"呵呵……"司马元显尖声大笑，"区区几个海岛蟊贼，何劳桓将军大驾？我已经命谢琰和刘牢之统帅北府兵，一路摧枯拉朽，将他们赶回海岛，等修造好海船，大军一举歼灭海贼，指日可待。等平定海贼之后，休养生息几年，我准备统率大军北伐，克复中原。不管是消灭海贼还是光复中原，都是国家大计，各路人马都要朝廷统一调度，才不会出乱子。桓玄前几年吵着要北伐，现在又吵着要来平定海贼，都是在吃咸饭操淡心，没事找事。你想想，如果他真的领兵西下，一旦北边的胡人乘虚而入，攻击荆、江八州，谁去抵挡呢？"

"大将军……所言极是。"

"桓玄的职责是守疆戍土，防备胡人南犯，保一方平安。朝廷需要用他的兵，自然会有诏命，没有诏命就是用不着，他不必瞎操心。当年苻坚百万大军来犯，北府兵八万将士就将他打败，没有抽调荆州的一兵一卒。现在只是平定几个蟊贼，还用得着荆州兵吗？"

"大将军……言之有理。"陶渊明只能含糊地答应着。

"你们以后不要再上什么北伐表、讨贼表了。江东古称鱼米之乡，民生富庶，现在又在京师的卵翼之下，虽然被几个蟊贼闹腾了一下，并没有伤元气。北府兵皆是能征善战之辈，现在我又在创建'乐属'兵，朝廷兵精粮足，就请桓将军放心吧。"

"是，大将军。"陶渊明知道司马元显话里有话，也知道他是在打肿脸充胖子，但只能连声应诺。

"你退下吧。"

陶渊明把《讨海贼表》交给了司马元显后，就回返江陵，计划顺路回一趟寻阳，看一看家人。一路上见到的都是饿殍遍地死尸盈野，再回想司马元显府邸的富丽堂皇，两相比照，真是感慨万千。江山社稷竟然掌握在一个乳臭未干的娃娃手里，多么荒唐啊！司马元显年纪虽小，口气却大得不得了，对控制了长江中上游的桓玄，都当着他的使节直呼其名，对待一般人就可想而知了。他根本不听陶渊明说话，只是劈头盖脸地训斥一顿，睁着眼睛说瞎话，竟然说江南八郡并没有伤元气，以为陶渊明一路上什么都看不到吗？看来小小年纪的他是被一群只会阿谀逢迎的小人包围着，闭目塞听，自以为是。陶渊明真是不虚此行，见过司马元显后他意识到：天下大乱就在眼前。而作乱的会是谁呢？是统帅北府兵的刘牢之，是占据荆、江八州的桓玄，还是有可能死灰复燃的孙恩呢？

孙恩毕竟是蚍贼草寇，想称霸天下谈何容易？倒是刘牢之坐镇京口，离建康咫尺之遥，一旦作乱，京师就危在旦夕。北府兵能征惯战，淝水之战以八万人马打败前秦近百万之师，刘牢之当时就是先锋，他的骁勇剽悍早已天下闻名。他背叛王恭，是一个卖主求荣的无耻小人，很有可能干出犯上作乱之事。至于桓玄，他倒是一直标榜自己对朝廷的忠心，一次次提出北伐中原，现在又提出讨伐孙恩。但他火并殷仲堪和杨佺期也是乘人之危，为了扩张自己的势力也是不择手段，不要忘了，他有一个久怀篡逆之心的父亲桓温——想到这里，陶渊明的心隐隐作痛：看来听叔父陶夔的话再次出仕，实在是做了一件蠢事，搞得不好就会卷进难以自拔的是非之中，成为遗臭万年的乱臣贼子……

这样心事重重地一路走来，走到离寻阳只有一百里地的规林（今安徽宿松新垦农场），忽然遇到大风无法行船，滞留了好几天。家园就在眼前，却被困在这里不能回去，陶渊明先急得坐立不安，等心情平静下来之后，写了两首诗——《庚子岁五月中从都还阻风于规林二首》。

古往今来的差吏走卒都发出悲叹，如今陶渊明才明白其中的艰辛。旅途中山高水远，海阔天遥，谁也无法预知什么时候会有风浪。他难道只是在哀叹旅途中的风浪吗？其实也是在哀叹仕途中的风浪，哀叹国家民族即将遇到的一场政治军事大风浪。

奔腾的波涛啊，震天动地，呼啸的狂风啊，没有片刻停止。游子在外越久，越思念生他养他的慈母，老天为什么要折磨他，让他在这里滞留多时？这几天静心想一想，最美好的地方，还是自己的家园，早就该告别喧嚣的尘世，回家去了。人的一生能有多长？活得遂心如意才是最要紧的。明白了这个道理，我就要照着去做，再也不能延迟。

在陶渊明的心底，已经悄然萌生了归隐田园终生布衣的念头。

居丧躬耕

风浪终于平息，陶渊明回到寻阳家中，一进家门，看到老母卧病在床，翟夫人正亲侍汤水。见渊明突然回来，老母少妻都惊喜万分。陶渊明询问母亲的病情，原来是上个月偶感风寒，拖到现在还没好。年逾七旬的母亲身体已经非常虚弱，整天咳个不停，陶渊明心里很难过。直到晚间几个儿子都回来了，都来向父亲问好，他的心情才好一点。入夜夫妻同榻而眠，摸着翟夫人身上，又消瘦了许多，他的心里真不是滋味。想到她既要侍奉卧病的婆婆，又要看顾这么多孩子，还要照管田里的庄稼地里的瓜菜。实在是不忍心再离开家，把家庭的重担全扔给她。

可有什么办法呢？桓玄还急等着他的回音呢。他只在家中小住了两天，又登程赶路了。

这一别又是半年，直到腊月里，桓玄才让陶渊明休假回家过年。回家后看到老母已经瘦得不成样子，走起路来拄着拐杖颤颤巍巍的，身子驼得厉害，下巴几乎碰到了膝盖。母亲看了他半天，好不容易才认出来，嘴唇哆嗦了半天，才说出一句话。陶渊明意识到：这个冬天她是好不容易才熬过来的，母亲离大去之期，已经不远了。他又蓦然想到：过了新年，自己也已经五十岁了。

新年是晋安帝隆安五年（401 年），农历辛丑年，这年正月五日，陶渊明和几个同乡好友一起畅游斜川（在今江西星子县，庐山东南），写下了《游斜川》这首诗。

天气晴朗，天空澄澈，大家依长幼顺序围坐，依傍着溪水。鱼儿在平静流淌的溪水中悠闲自在地游动，沙鸥在幽静的山谷中高飞着鸣叫着。浩瀚的湖水荡开了远眺的目光，大家无限留恋地凝视着高耸云天的庐山。提起酒壶大家互相传递，斟满了酒又互相敬贺，不知道明年的今日，我还能不能和大家在一起，欢乐依旧。酒到半酣就放开肚皮喝吧，人生不满百，何必怀着千载的忧患，应该将它们统统忘掉。暂且痛享今朝的欢乐，明天如何又何必去强求？

陶渊明想借酒浇愁，只能是愁上加愁。他在桓玄幕府中心情是相当苦闷的，即使回到故乡，面对"鲂鲤跃鳞于将夕，水鸥乘和以翻飞"的美景，也难以消除积郁在心中的愁闷。在那战乱纷争的年代里，他真正懂得了生命的可贵，自然要发出人生苦短的嗟叹。

陶渊明过完年后一回到江陵，就听说农民起义军沿长江水路逼近建康，京城形势万分危急。刘牢之和他的部将刘裕发动多次进攻，都未延缓他们包围京城的步伐。只是西风怒号，暴雨倾泻，起义军的战船逆风逆水，行驶不便，才没有打进石头城去。各地勤王护驾的兵马陆续赶来，敌众我寡，孙恩只好撤出长江，重新回到海岛。

起义军逼近建康的时候，桓玄不动声色，孙恩败退回海岛后，桓玄突然又让陶渊明写《讨海贼表》，向朝廷请示要率领水军渡海攻打孙恩，令陶渊明迷惑不解。他拿出去年的底稿照葫芦画瓢，又写了一份草稿交给桓玄。桓玄修改后让陶渊明誊抄，陶渊明拿回来一看，大吃一惊，草稿已经被桓玄改得面目全非。去年送表时桓玄还让他带上礼物，而今年这份表，分明带着威胁的口气。

桓玄加了这样的话："孙恩只是因为连日暴风骤雨，兵船开不进建康，粮食吃尽，才撤走的，并非为王师所败。你们不要自鸣得意。眼前你们的心腹，谁是有名望的？八郡的祸患，都是你们身边的这些小人惹出来的，兵祸到今天也没有了结。朝廷里的君子，怕引火烧身不敢说实话，只有我敢说出事实。"这不是在指责司马元显的过失吗？言外之意是说，只有他桓玄才能收拾残局。桓玄到底想干什么呢？莫非他要……

陶渊明使劲摇摇头，似乎想将脑子里的想法甩掉。司马元显的确是个昏庸无能而又自以为是的小孩子，桓玄加上去的话并没有错。也许他真是因为担忧国事才这么说的……但他在孙恩逼近京师时无动于衷，却在孙恩败退后送讨贼表，绝不是出于公心。这样明显的事情陶渊明还是看得清楚的。他想，如果桓玄还让他去送这份表，他可就麻烦了。司马元显见表后一定会大发雷霆，对使者破口大骂，这还是小事……如果桓玄真有不臣之心，自己帮他去送这么一份表，岂不要留下千载骂名？无论如何也不能去送这份表。可桓玄要是下令让他去送，军令又如何能够违抗呢？

陶渊明就拖拉着好儿天没把这份表誊抄完，整日里忧心忡忡，坐卧不宁。这一天却收到一封家书，拆开一看，是母亲病危，要陶渊明赶快回家一趟。这实在是一个脱身的好理由。陶渊明连忙把《讨海贼表》誊抄完，然后去进见桓玄，交上表后紧接着以老母病危告假。

这样的理由桓玄自然不能不批假，但他的脸色阴沉下来，似乎知道陶渊明心中的隐私。

陶渊明从中军大帐里出来，回到宿舍急忙收拾行李，如逃出笼子的鸟儿，当天就踏上了归途。

等他回到家的时候，母亲的病又缓过来了，可以下地走动，精神还蛮好的。一见陶渊明回来，母亲惊喜中又有些歉疚，觉得是自己的病拖累了儿子的公事，一个劲地唠叨，不该写信叫他回来。陶渊明在心里自言自语："幸亏来了这封家书，使我躲过一劫。"但又没法对母亲明说。他反而说自己在桓玄的幕府里干得挺好，桓玄对自己很器重，劝母亲不要担心。

嫁到武昌的陶渊明的异母妹妹，也被翟夫人去信叫回了娘家。兄妹俩多年没见面，现在都已经人到中年，两鬓斑白，形容憔悴，风尘仆仆，四目相对，不胜欷歔。

在家里待了没几天，母亲就催促陶渊明赶快回去，老怕耽误了陶渊明的公事。陶渊明纵有满腹心事，也不能对老母明言，只好说再住两天就走。他知道母亲的病已经很严重了，随时都可能病危，真担心这次一走就成永诀。又拖了好几天，母亲越发焦急，问陶渊明到底是怎么回事。陶渊明被逼无奈，害怕母亲为了自己的事情又添心病，只好答应明天就走。

终于又要起程了，陶渊明可真不愿离开家园，回到桓玄的江陵幕府。他真是后悔死了，当初不该听叔父陶夔的话，去投奔桓玄，现在是上贼船容易下贼船难。寻阳在桓玄的势力范围之内，他的心胸多么狭窄，连自己昔日的同乡好友都不肯放过，何况他陶渊明呢？现在如果不去，把桓玄惹恼了，说不定一家老小都要遭殃，只能到他的幕府里硬着头皮和他继续周旋了。

往回走走的是水路，小船在长江中逆水而行，慢慢悠悠，在一个月明风清的夜晚，来到了涂口（今名金口，在湖北武昌），陶渊明写下了《辛丑岁七月赴假还江陵夜行涂口》这首诗。

从20岁游学回来到投奔桓玄幕府之前，除了在江州刺史府干了几个月祭酒，我已经闲居了快三十年，早就对官场的人情世故非常隔膜了。三十年里我只知道春季秋季在田间耕作，冬天夏天在家中读书，活得多么逍遥快活，为什么舍弃自己的家园，跑到那么遥远的江陵去呢？

坐在小舟中，看船夫摇动双桨，击碎了印在江心的明月。迎着滚滚东逝的长江水逆流而上，我知道自己离家乡越来越远了，心中牵挂着老母和妻儿，也忘不了兄弟和朋友们！傍晚时分江面上的微风多么清凉舒爽，夜色也是如此清澈空明！粼光闪闪，波平如镜，这么美好的初秋的夜晚，如果在家园里和几个朋友一起泛舟江上，那是多么快乐啊。可我现在呢？面对如诗如画的大好江山，我却记挂着桓玄幕府里那些腌臜事，连觉都睡不着！

直到今天我才明白，博取功名实在不是我能干的事情，现在回忆起在田园里耕作的情景，觉得那时的生活是多么恬淡安逸，又多么充实满足，真是值得怀恋啊！真想甩掉这官帽回到家园去，高官厚禄什么时候打动过我的心？在蓬门茅舍里才能够修身养性，也许我可以用高洁的善行来建立自己的声名……

这个夜晚是陶渊明一生的思想转折点，他终于明白了：肮脏黑暗而又动荡险恶的官场，实在不是自己应该待的地方，他终生的归宿是在田园里，做一个自食其力的农夫。尽管他后来还做过刘裕和刘敬宣的参军，还当过彭泽县令，但要么是不得已而为之，要么是为归耕田园做准备，都不是为了厕身官场博取功名。

陶渊明到达江陵岸边，也是在傍晚时分，但江上灯火照耀如同白昼，水兵正在操练船攻，规模之大，是陶渊明四年来从未见过的。兵船战舰往来无数，密密麻麻一眼望不到头，船上大纛、牙旗、帅幡、旄旌，都迎着江风猎猎招展，如一片森林。训练这么多水军，真是为了渡海攻打孙恩？

两岸所看到的情景，也使陶渊明惊愕万分。在长江北岸，有骑兵在操练奔驰、越障、骑射之术，步兵则在练习阵法。三军一呼百应，震天动地，简直要让江水停流。在长江南岸，岸边在修造战船，舫船、楼船、劲舸、轻舟，应有尽有，光是备用的船钉就堆成几座小山。近处是工匠们在锻造兵器铠甲，炉火熊熊，映红了半条江。远处则是新建的粮仓，一座一座排列到看不见的黑暗中，谁知桓玄到底囤积了多少粮草？只要一声令下，这些粮草都会被运到船上，大军就可以沿江而下了。

看来他是要进军建康，威胁朝廷！桓玄一旦发兵西下，自己就要被裹胁其中，如果随着他反叛大晋朝廷，自己就成了乱臣贼子，活着辱没老母妻儿，死后无颜见陶家列祖列宗！可要是不顺从他，与他顶起牛来，罗企生就是前车之鉴！这可如何是好？我这次真的是不该来，要不趁现在还没有照面赶快溜回去……

正这样想着，有一条兵船已经朝陶渊明乘坐的客船靠过来，一队士兵上了船，为首的兵曹见到陶渊明忙躬身施礼："参见陶记室。"

陶渊明只好随他们上了岸，到中军大帐去拜见桓玄。

接下来的日子陶渊明可真不好过，在幕府中坐立不安，度日如年。又过去了两个月，到了秋收的时候，桓玄突然下令，断绝长江航道的漕运，商人旅客都不能自由往来，所有过往船只都要经过都督府盘查，运粮船只一律扣押。这等于切断了长江航道对朝廷的粮食供给，卡住了下游北府兵的脖子。如果不是下决心对抗朝廷，桓玄是万万不会这样做的。

陶渊明悬在心中好几年的疑惑，终于有了答案，他在心中默默说道："桓玄必反！"

桓玄是肯定要造反了，可陶渊明何去何从呢？桓玄近来很注意军中的议论，可能是担心一旦扯旗造反，有人会反对他，现在正想找个出头鸟杀一儆百，自己万万不能给他充当祭旗的牲口。可就这样甘心随着他去干篡逆之事？找个什么借口离开呢？还真是找不出来。这个时候一般的借口肯定是不行的。陶渊明焦虑不堪，更后悔去又复来，万分思念桑梓家园和老母妻儿，思念过去的闲居耕读生活。他只在心中默默祈祷，祈祷桓玄尽量晚一点发兵，祈祷自己能够有逃脱的机会。

到了这年冬天，机会终于来了，却是以母亲的去世换来的。陶渊明接到家书，打开一看，是母亲去世的噩耗。悲痛之余他又十分庆幸，自己终于可以平安逃脱了。在古代，父母去世子女都要守孝三年，做官的都要将官职辞去，回到家乡守孝。这是朝廷的通例，也是古已有之的道德规范，桓玄当然不能不遵守。

就这样，陶渊明怀着对亡母的悼念之情，驾一叶扁舟，离开了桓玄的都督府，离开了江陵，回到了自己的家园。他终于躲开了一场即将到来的风暴。

晋安帝元兴元年（402年）元日，朝廷因为桓玄截断长江中上游的漕运，下诏兴师问罪。司马元显亲自挂帅，任骠骑大将军、征讨大都督，都督十八州诸军事，又任命刘牢之为前锋都督。桓玄也发出讨伐司马元显的檄文，准备兴师东下。司马元显喝了晋安帝赐予的饯行酒，登上帅船，面对滔滔的江水，忽然觉得一阵恶心，把刚喝下去的酒又翻肠兜肚全吐了出来。想到这一去说不定会被桓玄抓住，也有可能葬身鱼腹，眼角就沁出泪来。他在宫廷内可以颐指气使、飞扬跋扈，可哪里见过发兵打仗的阵势？就这样，他呆呆地在战船上坐了一天，始终不敢发出开船的命令。前锋都督刘牢之跟司马元显离心离德，自然乐得按兵不动。

桓玄虽然兵发江陵，但一点儿不知道朝廷的内幕，色厉内荏的他担心骁勇善战的北府兵一旦出击，自己不是对手，所以心里一直盘算着一遇劲敌，怎么赶紧缩回江陵去。可是过了寻阳，还是见不到朝廷派来的一兵一卒，说明司马元显根本不敢前来迎战，不禁欣喜若狂，全军也士气大振。十天之后打到历阳郡，离建康只剩下一个昼夜的路程。刘牢之被朝命催逼，只好将北府兵从京口开拔到溧洲（今江苏江宁西南的江心中），和桓玄面对面扎下营寨。他觉得司马元显一贯重用小人，容不下自己，不愿意落得兔尽狗烹的命运，就派儿子刘敬宣作为专使，正式向桓玄投降。

在建康王师的帅船里，司马元显还在和将士们纸上谈兵，桓玄的大军却在刘牢之投降后如入无人之境，跃马扬鞭直捣建康城内。司马元显束手就擒，连同他的六个儿子以及亲信党羽，都被桓玄斩首示众，时年才21岁。他的父亲司马道子从酣醉中刚被吓醒，就听到了朝廷宣布将他废为庶人流放外地的诏书，等到了流放地，桓玄又派人用毒酒将他毒死，时年39岁。桓玄兵不血刃就从江陵打到建康，被任命为都督中外诸军事、丞相、录尚书事，又兼扬州牧，领荆、江、徐三州刺史，一人独揽朝内朝外的军政大权。

陶渊明回到寻阳后办完母亲的丧事，过年后就得知了朝廷准备讨伐桓玄的消息。他见过司马元显，知道他是什么人物，又亲眼目睹了江南八郡在孙恩起义后"白骨露于野、千里无鸡鸣"的惨状，更清楚桓玄的军事实力，自然为朝廷挑起战端而担心。他明白只有刘牢之的北府兵可以抵抗桓玄，日夜盼望着北府兵占据寻阳。寻阳"据三江之口，当四汊之冲"，是古来兵家必争之地，桓玄的大军一旦过了寻阳，朝廷就无险可守，桓玄就可以直抵京师建康了。他盼来盼去，始终不见北府兵的影子，心中非常困惑。等到桓玄的大军到达寻阳，陶渊明明白了，既然刘牢之不肯占据寻阳，就说明他根本无意抵抗桓玄，桓玄去建康的路上就不会遇到任何有力的抵抗了。

陶渊明离家好几年，没有同妻儿一起生活，这次回来踏踏实实地住下，才注意到几个儿子都已经长大了，但都不成器。长子阿舒已经 16 岁，不喜欢提笔写字；二儿子阿宣已经到了孔夫子"有志于学"的 15 岁，却懒惰得不成样子；老三老四这一对双胞胎儿子，都已经 13 岁了，却连六和七都分不清；小儿子阿通也已经 9 岁，只知道寻找鸭梨和板栗。这一帮小畜生，可怎么办呀？"子不教，父之过"，自己好几年不在家，把儿子们的学业都荒废了，真是罪过呀！高堂老母已经去世，自己也年过半百，这辈子不会有多大出息了。儿子又都是这样，将来恐怕没有一个可以重振陶门家声……哎，老天爷如果就是这样安排，自己又何必发愁呢？还是痛痛快快地喝酒吧。

桓玄收拾了司马道子父子后，就调任刘牢之为征东将军、会稽内史，实际上是要夺去他的兵权。刘牢之登时傻了，去找部将商议进攻桓玄，遭到将士们的一致反对。原来北府兵将士们的家属都在京口，倘若此时发难，家属都要被桓玄屠杀。参军刘袭铁青着脸对刘牢之说："天下最丢脸的事就是背叛，将军先反王恭，后反司马元显，如今又要反桓玄，朝秦暮楚，会有什么好结果？"说完拔腿就走，众将佐也一哄而散，参军刘裕和广武将军何无忌回到了京口。刘牢之众叛亲离，终被桓玄剿灭，儿子刘敬宣逃到洛阳，请求后秦姚兴派兵攻打桓玄。姚兴只让他们自行招募了几千兵马，回到彭城一带活动。

这时孙恩又在临海郡附近登陆，准备向南打到广州。但他的兵力已极为单薄，被临海太守辛昺打败，全军覆没，孙恩最后投海自杀。起义军的残余人马共推孙恩的妹夫卢循为主帅，继续活动。桓玄派已经假意投降他的刘裕去征讨，卢循打不过刘裕，逃到了广州。

　　此时陶渊明正在家中写《晋故征西大将军长史孟府君传》，他写外祖父孟嘉的传记，是为了纪念去世不久的母亲，但也有更深一层的含义：孟嘉当了桓温多年的长史，但始终没有与桓温同流合污，就像自己虽然做过桓玄的幕僚，但不曾和桓玄同流合污。陶渊明特别突出了外祖父的品德和节操，也是为了表达自己的志向和情操。

　　这一天他正写着，翟夫人进来说，柴桑县令刘程之来访，陶渊明急忙出来迎接。但看到刘程之布衣素服，他就猜到刘程之已经辞去了县令职务。

　　刘程之字仲思，彭城人，才思敏捷，见识过人，在荆、江一带有清操高誉，被时人所推崇。他曾经是殷仲堪的座上客，桓玄是个有文才的人，坐镇荆州后也多次将他请到都督府里，谈书论文，每次都是十天半月，陶渊明和他就是在桓玄的都督府里认识的。桓玄多次邀请他在都督府里供职，他死活不肯。后来因为仰慕在庐山东林寺修行的名僧慧远，对佛学倾慕不已，准备师事慧远，就向桓玄提出，请求到哪个县当几年县令，好积攒一点入山学佛的本钱。桓玄也很倾慕慧远，就答应了，把刘程之安排在庐山脚下的柴桑县，以便他可以经常去拜见慧远法师。

　　慧远是东晋有名的高僧，佛教中国化的开拓者。他俗姓贾，出身官宦之家，早年生活优裕，游学各地，博览群书。21岁出家，跟随名僧道安修行，得到他的真传。慧远潜心钻研佛经，又会用儒家道家的某些论说来解释佛教，因此深为道安器重，认为他是能将佛教普及到全国的人。晋孝武帝太元十一年（386年）在庐山东林寺定居后，慧远开始弘扬佛法。由于他精通儒家道家典籍，能够用儒道释佛，因而和当

地的清谈名士们交往密切，声誉越来越大。殷仲堪在世时专程到庐山探望他，终日倾谈不倦。桓玄本来是想去找碴儿的，后来也被他的高谈博辩所折服。

司马元显父子崇信佛教，桓玄就和他们对着干，竭力压制佛教势力。他下令要慧远下山，慧远不理睬，他就跑上山去找麻烦，一见面就引用《孝经》中的"身体发肤，受之始也，不敢毁伤，孝之始也"的古训，责问慧远僧人为什么要剃头。慧远也用《孝经》中的"立身行道，扬名于后世，孝之终也"来答复他，一下把他给镇住了。倾谈一番后，桓玄对慧远大为尊敬，日后两人书信往来不断。不久桓玄下令拆毁大批寺院，令许多僧尼还俗，唯独对慧远和东林寺网开一面，加以保护。他热心安排刘程之去柴桑当县令，原因就在于此。

柴桑县和陶渊明的老家寻阳正好挨着，现在刘程之带着当了一年县令的俸禄，辞职去投奔慧远，也顺路来拜访陶渊明。两人在桓玄的幕府里就有交往，互相都为对方的文才和品德所倾倒，陶渊明也知道他是怎么去当县令的，现在看到他一身山野草民的打扮，自然什么都明白了。

寻阳就在庐山脚下，陶渊明却从来不曾拜访过慧远。他从小受到的儒家教育根深蒂固，"子不语怪力乱神"，对于佛教、道教他总是不以为然，就是对刘程之，他虽然倾慕，心里也有隔阂。刘程之这个人，对妻子儿女不管不顾，人情冷漠。有一次他在桓玄幕府，家人送来急信，说他的夫人去世了，要他立即赶回去。他却拖延了两日，脸上毫无悲戚之色，居然说："她已经死了，我急着赶回去又有什么用？"在陶渊明看来，他虽然没有入佛门，但行为举止完全与和尚无异。

送走了刘程之，陶渊明又接着写《孟府君传》，反复推敲，最后定稿的时候已经是冬天。然后冬去春来，到了第二年春天，陶渊明又要到田间劳作了，他在田地旁边临时搭了个堆放农具的草棚子，白天耕作累了就在里边歇歇，夜间也睡在里边好照管自家的田地。他给这草棚子起了个"怀古田舍"的雅号，待在里边对着碧绿的田野和湛蓝的天空，不觉动了诗兴……

当年就听说过南村的水田很肥沃，却不曾亲自耕种过。现在呢，自己穷得就像"屡空"的颜回一样，再不亲自耕种，就要饿肚子了。孔子瞧不起种田人，认为读书人不应该参加耕作，他赞许颜回安贫乐道，颜回又听他的话，饿着肚子却不能耕作，还要整天哈哈笑，结果年纪轻轻就死了。陶渊明自幼学儒，一直对孔子瞧不起耕作耿耿于怀，也为颜回的英年早逝深深惋惜。

清晨将牛车驾好，登上去田间的小路，我的心就飞到了旷野深处。鸟儿已经在为春天的到来高兴地啼鸣，清风却还送来残冬的余寒。刚刚冒出地面的嫩草，开始覆盖荒废了一个冬天的小路，在凉风里瑟缩着。田间地头少有人来，置身此地就远离了烦嚣的人间。陶渊明那颗诗人的心，对春天的到来是多么敏感呀，他记下了冬春交替的这一时刻。子路跟随孔子周游列国，有一次落在了后面，遇到一位用拐杖挑着锄草工具的老人，就向他打听看到过孔夫子吗，老人说："他四体不勤，五谷不分，凭什么算作'夫子'呢？"把子路给问愣了。陶渊明是赞同这位老人的，觉得他才是"通识"之士，觉得应该像他那样躬耕田园来保全自己。

孔子留下"忧道不忧贫"的遗训，我却很难遵循，贫穷对人的折磨是逃避不了的，饿着肚子怎么能不发愁呢？我只愿终身劳作，辛勤地耕耘，靠自己的劳动来养活自己，做一个心安理得的人。手执犁锄愉快地按时耕种，高高兴兴地劝慰一起耕作的农友。平旷的土地像一位沉睡的少女平躺着，让远方的风儿轻轻地吹拂，苗壮的麦苗也随着微风搔首弄姿，好像在欢迎春天的到来。虽然今年的收成好坏还不知道，但从事农活本身就给人带来多少欢欣呀。耕作得累了，我们就歇一会儿，却再也没有子路前来问路了。太阳落山大家就结伴回家，我提着酒壶去慰问近邻。回家后长吟着诗句将柴门掩蔽，做一个耕田的农民，不也逍遥快活吗？

刘裕参军幕下

桓玄消灭了刘牢之、孙恩后，暴露出篡位的野心，晋安帝元兴二年（403 年）十一月，他逼迫晋安帝禅位，十二月，桓玄正式登基，国号为楚，改元永始。

陶渊明听到桓玄已经篡位称帝的消息，简直不相信自己的耳朵。做了他三年的记室，朝夕相处的日子实在不算短，陶渊明对他也不可谓不了解，但还是没想到他会这么快就急着篡位称帝。他昏头了！陶渊明默念着这句话，整个新年里都是一个人呆呆地坐着想事情。桓玄的帝位肯定是坐不长的，他父亲桓温可以随随便便废立皇帝，却不敢自己称帝，就是明白一旦称帝就成了全天下人的靶子，万一坐不稳就会把身家性命都搭进去，可桓玄怎么连这么简单的道理都不懂？何况桓玄掌握的朝廷大权不是像他老子那样一刀一枪硬打出来的，而是由于司马元显懦弱无能、刘牢之临阵投降侥幸得到的，得到的容易失去的也就会容易啊！这个道理他也不明白？他昏头了，真的昏头了！桓温可以算是一代枭雄，而桓玄只能算作跳梁小丑，很快就会死无葬身之地！陶渊明整日枯坐在家中，更加思念母亲，庆幸自己因为母丧在桓玄发兵之前就脱身了。倘若随着桓玄的大军被裹胁到建康，在桓玄篡位的时候，自己挺身而出反对他就会身首异处，而逆来顺受就会被天下人看作是他的帮凶和奴才。他在心中暗自感叹：母亲是用自己的生命挽救了我一生的名节啊！

　　果不出陶渊明所料，很快就有人起来将桓玄的皇帝宝座掀翻，这个人就是刘裕。刘裕字德舆，小字寄奴，彭城人，全家寄居京口。呱呱坠地时母亲就死了，父亲虽然做过功曹之类的小官，但一贫如洗，把他抛弃在荒野。他的姨妈刚巧生了一个孩子还不到一年，听说此事，就从野外将他抱回，给亲生儿子断了乳，来喂养他。刘裕长大后，身强体壮，武艺高强，为了糊口，他种过地，捕过鱼，以后又编鞋卖履为生。他识字不多，又好赌博，颇受乡里轻视，发愤去投奔北府兵。他打起仗来格外勇猛，还很机智，在攻打孙恩的战斗中，多次身处险境，都转危为安。凭借赫赫战功，被刘牢之提拔为亲信。刘牢之兵败前，他和何无忌一起离开刘牢之回到京口，被桓玄任命为彭城内史。

　　桓玄称帝之后，倒行逆施，弄得民怨沸腾，朝野不安。他为了炫耀自己关怀民生，下令开仓救灾，把散在江湖的百姓全都赶到城里，城里又无粮可救，只剩下一口气的百姓疲于奔命，死得更多，尸体在道路旁绵延不绝，惨不忍睹。他别出心裁地宣称，要恢复砍手、断足、割鼻、挖眼等肉刑，又要废除钱币，用谷子和布帛买卖物品，朝令夕改，变化无常，只是为了哗众取宠，却让朝野上下怨声载道。

刘裕看到时机已经成熟，就联合他的弟弟刘道规、何无忌，加上在青州刺史桓弘手下任职的刘毅、孟昶，还有扬武将军诸葛长民，这些志同道合之士，起草好声讨桓玄的檄文，筹划起兵。公元404年（晋安帝元兴三年）二月的一个清晨，也就是在桓玄篡位不过三个月后，他们在京口、广陵、青州、历阳好几个地方同时发难，迅速集结了一千多人的队伍，向建康挺进，同时传檄天下，声讨桓玄。刘裕被公推为盟主，总督徐州事。

桓玄的兵力是刘裕的十多倍，却畏惧不前。刘裕命令老弱兵士在附近许多山冈插上军旗，不断擂响战鼓，虚张声势。桓玄误以为刘裕人马众多，暗地准备好了逃跑的战船。刘裕得知后，决心吓跑桓玄，下令猛冲敌军阵营，喊杀之声震天动地，桓玄果然中计，就带了亲属逃出西门，跳上准备好的战船，从长江逆流而上，一口气逃到寻阳。

刘裕在京口起事刚传到寻阳时，陶渊明还将信将疑，这时刘程之来访，给他看了刘裕他们声讨桓玄的檄文，他才确信无疑了。刘程之在得知桓玄篡位的消息后，立刻将自己的名字改为"遗民"，表明自己是晋朝的遗民，与桓玄彻底决裂。现在回想一下，他在桓玄掌握了朝廷军政大权后急急忙忙地弃官归隐，很可能也是担心桓玄一旦篡位，自己因为和他有过交往又做过他给的官而不清不白，辱没了一世节操。

陶渊明请刘遗民留宿一夜，刘遗民恭敬不如从命。两人

饮酒长谈了大半夜，都预言桓玄必败，刘裕很快就会打到建康去，大晋光复有望！越说越高兴，越高兴酒喝得越多，酒喝得越多话就越多，压抑了一个冬天的苦闷心情，借着酒兴终于宣泄出来了。

次日酒醒，刘遗民在告辞上路的时候，又请陶渊明去庐山见见慧远法师，陶渊明还是婉言谢绝了。自己的家就在庐山脚下，如果想去拜见慧远早就去了，哪里会拖到今天？"子不语怪力乱神"，崇奉儒学的陶渊明，对于佛教、道教心里总是很隔膜，不愿意与和尚道士们多接触。但陶渊明从来不把自己的志趣强加于人，他还是很愿意与刘遗民交往，跟他探讨学问。

又过了十多天，一天夜里寻阳城内人喊马嘶，吵得陶渊明睡不着觉。清晨起来一打听，居然是桓玄败退到寻阳了。竟然这么快？陶渊明又是一个没想到。桓玄是兵不血刃进的建康，也是闻风丧胆地被刘裕从建康城里吓跑的，真是兵败如山倒啊！看来刘裕已经占领了京师建康，桓玄这一败，不仅皇帝当不成了，荆江老巢只怕也很难守住，他一定会输得精光。

接下来的几天，陶渊明想打听一下桓玄的兵马在寻阳城里的动静，又不敢抛头露面。他做过桓玄的记室参军，认识桓玄军队里的许多人，许多人也认识他，倘若碰上了被他们认出，再拉上桓玄的贼船，那他连哭都来不及！他老让陶仲德去打听街头巷尾的消息，回来告诉他，总算零零碎碎地知道了一些。有人说桓玄去了庐山，拜见了慧远法师，还把自己乘坐的"皇辇"丢在了东林寺里。陶渊明估计刘遗民一定会避而不见，只怕早就躲起来了。不知道慧远法师给了桓玄什么忠告，但他的忠告桓玄肯定没有听进去。又听说桓玄命人在江边装饰自己的坐船，跟建康的皇船一模一样，看来又神气起来了。过几天陶仲德又送来消息，说桓玄已经胁持着晋安帝离开寻阳，逃到江陵去了，同时还带来了一封信，是叔父陶夔托人从建康带过来的。

信上说，刘裕已经进了建康，诛杀了桓玄的亲属和余党，但京城里并没有大的动荡，陶夔依旧做他的太常卿。桓玄称帝后，陶夔因为和桓家的老关系，还是管他的老一摊，做了"大楚"的太常卿。等桓玄逃跑后，刘裕的主簿刘穆之处理朝廷政务，晋朝的旧臣都官复原职，陶夔又重新做大晋的太常卿，成了"不倒翁"。王谢两大家族在桓玄之乱前后，多数都是这样的"不倒翁"，在他们看来，改朝换代不过是"将一家物与一家"，与他们并没有什么关系，他们只想着怎么保住自己家族的荣华富贵。刘裕初进京师要稳定人心，对这些豪门世族都采取了安抚的态度，既往不咎。

陶夔在信上说，刘裕认为桓玄从荆州带过去的人，都是桓玄的死党，对他们非常严酷，诛杀殆尽。陶渊明以前做过桓玄的幕僚，幸亏没有跟着桓玄到建康，并不引人注目，但如果刘裕大军打到寻阳，一旦搜捕桓玄在寻阳的同党，陶渊明就有些危险了。所以陶夔告诫陶渊明，只要刘裕的人马打到寻阳，陶渊明就赶快去投靠，表明自己是拥护刘裕的，是反对桓玄篡位的，这样才能求得主动。

陶渊明愤愤地把这封信拍到桌上，心里怨恨着这个叔父。倘若不是他当初极力怂恿自己去投奔桓玄，也就不会有这么多麻烦了。但转念一想，叔父说的也不是没有道理，看看这一家老小，倘若自己被当作桓玄的同党抓起来，妻儿的日子可就苦了。虽然已经立下了隐居田园终身布衣的志向，但为了表明自己在大是大非面前的立场，看来也不得不去投靠刘裕。桓玄一跑，刘裕的大军很快就要打过来了。

刘裕进入建康后，把桓家的亲属全部捕杀，又派出队伍追击桓玄。因为晋安帝还被桓玄幽禁在寻阳，刘裕就在建康设立留台，任命文武百官。他自己当上了都督扬、徐、兖、豫、青、冀、幽、并八州诸军事，徐州刺史，其他起义将领也都被分封，控制了朝廷大权。刘敬宣听说桓玄大败，就从彭城带着召集起来的几千人马来投奔刘裕。刘裕委托主簿刘穆之处理政务，刘穆之办得井井有条，安抚世族豪门，对他们在桓玄之乱中的问题一概不追究，赢得了人心。刘裕出身贫寒，艰苦朴素，使得文武百官都不敢胡作非为，进城后才十来天，朝廷的风气为之一变。

刘裕派何无忌、刘道规率领水军追击桓玄，到了溢口东北大江中的桑落洲，寻阳近在咫尺。桓玄的兵力数倍于何无忌，但建康军是平叛而来，士气高昂，而荆州军见识过了桓玄的倒行逆施后，士气低落。一场恶战后桓军大败，只好率领余部逃奔江陵，何无忌一鼓作气，进占寻阳。四天之后，桓玄率领荆州兵力两万多人，乘坐两百多条高大的楼船，浩浩荡荡从江陵顺流而下，准备和刘裕决战。

刘裕也赶到寻阳，被朝廷加封为都督江州诸军事，他任命刘敬宣为江州刺史。这一天晚上他在中军帐里和刘敬宣一起宴饮，商谈着准备联合刘毅、何无忌和刘道规，攻破桓玄水军的大事。忽有侍卫来报：长沙公陶侃的一位曾孙，江州名士陶元亮求见。

何无忌与何澹之在桑落洲的战斗打响之后，喊杀声震天，

寻阳城里听得很清楚。陶渊明和寻阳城里的百姓一样，坐立不安，心惊肉跳，密切关注着战事。这时不用他去打听消息，从前线不断有何澹之的军卒败退下来，他们带来的消息即刻就在寻阳城的街头巷尾散布开来。一时间说什么的都有，城里的百姓都希望刘裕的军队赶快打过来，不希望双方相持不下，旷日持久地打下去。直到傍晚时分，何澹之的大部队败退下来，那真是铺天盖地，如海水退潮一般。除了河流和比较深的水塘，其余的地方全都成了他们败退逃跑的"路"，就连百姓的家里也有成群结队的士兵穿屋而过，顺手还拿走了不少东西，矮一点的房顶甚至也被当作"路"来走。直到半夜他们才过完，田野里的秧苗被践踏完了，整个寻阳城就像遭遇了一场"蝗灾"。

何无忌进驻寻阳，立刻就在寻阳城里搜捕桓玄余党，陶渊明就紧张起来。是不是照叔父说的，赶快去投奔刘裕大军呢？也许还没有被列入"黑名单"吧，现在自己跑去，会不会是"自投罗网"？可要是不主动去，等着士兵闯到家里来将他抓去，后悔就来不及了！这样犹豫了好几天，倒没有人来找他的麻烦，但他的心弦绷得越来越紧，都快绷断了！一连几天家门都关得紧紧的，孩子们一个也不许出去，只要一听到有人敲门，全家人的心都提到嗓子眼。老让家人这样提心吊胆可怎么行？一听到刘裕本人已经来到寻阳的消息，陶渊明就决定豁出去了，是死是活去刘裕的中军帐里走一遭就知道了。

侍卫进去通报的时候，陶渊明的心一直悬着：会不会马上出来几个人将他捆起来？但侍卫回来却非常客气地请他进去，他心里才踏实一点。刚一跨过帐门迎面就撞上个

高个子，身着戎装，腰佩宝剑，朝他一拱手："陶先生，幸
会幸会！"

陶渊明不知道他是谁，问道："阁下是……"

高个子后面又跟过来一人，穿着家常素服，向陶渊明介
绍道："陶先生，这就是都督九州诸军事刘德舆（刘裕字）
大将军，鄙人是辅国将军、江州刺史刘敬宣。"

刘裕亲自到帐门前来迎接，着实把陶渊明吓了一跳，赶
忙对着刘裕深深地鞠了一个躬："将军统帅千军万马，风虎
云龙，威风八面，渊明只是一介寒儒，怎敢劳将军大驾，受
如此礼遇？"

"这有什么呢？"刘裕笑着抓住他的胳膊，拉着他往里
走，边走边说，"先生乃荆江名士，博学善文，我早有耳闻，
今天特意到这里来一定是有所赐教，我当然应该在辕门前迎
候了。来来来，我这里寒酸得很，一起吃顿便饭吧。"

陶渊明两腿就像踩在了棉花上，随着刘裕走进了中军大
帐，已经有人摆好了一张酒案，请他入席。案上摆着的也不
过是油果、糯粽、胡豆、羌饼这几样在江州地面很平常的吃
食，喝的也只是寻常的烧酒，刘裕和刘敬宣的酒案上也同样
如此。传说刘裕生活俭朴，看来名不虚传。

陶渊明定睛注视刘裕，果然相貌非凡！颧骨下巴都往前
努，就是俗话说的"豹子头"，左右脸颊上各有几根硬毛，
双眉之间有一颗蚕豆大的乌痣，眼眶深陷，那一双眼睛躲藏
在里面，没有一点光芒，就像在打盹一般。果然是胸有城
府，目藏心机。再看他的身板，站着就像一座铁塔，走起来
龙行虎步，威风凛凛，身上的铠甲磨得"喀喀"直响。刚才
陶渊明的胳膊被他抓住，就像被钳子钳住一样。"行家一伸

手，就知有没有"，自幼习武的陶渊明被他一抓，就知道他
果然是孔武有力、武艺超群。刘裕在平定孙恩和攻打桓玄的
战斗中有数次身逢绝境，最后都化险为夷，正是凭着高超的
武艺和过人的胆识。

"陶先生，你这次来，对时局有什么见教，就请直
说吧。"

见第一面时分外热情，坐下来之后连一句废话都没有，
开门见山，大气磅礴，果然是成大事的人。陶渊明不得不
对刘裕心生好感，但又很惶恐，因为他来之前根本就没有
准备给刘裕提什么建议，没有想到刘裕一见面就会征求他
关于时局的意见，不知该说什么，只能含糊地应道："渊
明乃一介陋儒，哪里看得透天下大事？今天只是想投奔到
将军帐下，能做个马前卒子，为讨伐逆贼出一份力，心愿
足矣。"

"先生何必过谦……"刘裕笑道，"先生的曾祖长沙公
陶大司马，是一代名臣骁将，功高盖世，先生的外祖父孟
府君，乃荆江大儒，令叔现在朝廷供职，文武全才，我都
是知道的。先生以前做过桓玄的记室，对桓玄的为人一定
很了解，对当前局势，肯定有自己的看法，何妨赐教
一二？"

原来刘裕对自己的底细一清二楚，一定有人向他报告
过……陶渊明心里又打起了鼓，特别是提到他做过桓玄的幕
僚，更让他紧张起来："是……我是做过桓玄的记室参军，
那时还不知道他有篡逆之心……"

他的鬓角开始出汗了。

"哈哈，"刘裕仰天大笑，"区区一个记室，先生何必

挂怀？先生在他起兵对抗朝廷之前就回了家，上个月他逃到这里的时候，也没有去附逆，不就表明了心迹吗？他还给我一个彭城内史的官做呢，比你的记室可大多了，我还不是做了？官做得越大，身不由己的事情就越多，这谁不知道呢？"

说完又大笑起来，陶渊明和刘敬宣也只好跟着笑。一席话说得陶渊明心里暖洋洋的，他开始真心想投靠刘裕了。他也说得来劲了："桓玄狼子野心，盗窃神器，弄得天怒人怨、人神共愤！他必定会一败涂地，遗臭万年，天下谁个不知，哪个不晓？将军首举大义，扶大厦于将倾，挽狂澜于既倒，功在国家社稷，必将名垂青史！"

"先生过誉了"，刘裕摆了摆手，"我刘裕本是一介武夫，出身贫寒，没有读多少书。这次在京口举事，开始时不过一两百人，攻打建康时还不到两千人马，与桓玄的叛军作战，一直是兵微将寡，但为什么能屡战屡胜，一直打到寻阳呢？不是我刘裕有多高明，也不只是将士们不怕死，关键是占住了一个'理'字，顺应了天意民心。俗话说：'读书明理。'可书读得多，未必就能明理，有的人书读了不少，却不明白最简单的道理。桓玄就很有文才呀，书读得不少啊。他读的是圣贤之书，做的却是篡逆之事，读书对他有什么好处？多少豪门世族，家传诗书，可子孙只知道终日清谈，嘴上长年累月滔滔不绝，胸中却没有一条治国安邦的良策，于己于人、于国于家又有何益？我们大晋朝，就是被这样一帮读书人给弄坏了！"

刘裕又看了看陶渊明，口气缓和下来："这些天万寿兄（刘敬宣字）给我讲了不少史事，先生的曾祖陶大司马，是我最佩服的人。长沙公出身贫寒，是一刀一枪地拼杀出来、以军功位极人臣的，书读得并不多。但在同代人中却最明白事理，多次在危亡中挽救了国家。王敦、苏峻之乱，若没有长沙公，如何能够平定？南渡后大晋的半壁江山，若没有长沙公在荆江镇守，也早亡于胡人之手。我知道先生饱读诗书，《闲情》一赋，传于妇孺之口；也知道先生做过江州的祭酒，为政时间不长，却颇有政声；身陷桓玄叛军之中，也能够出污泥而不染，全身而退——足见先生才干过人，明辨是非。先生如果不嫌弃，我想请先生权且在我这里做个参军，先助我荡平荆江，剿灭乱臣贼子。万寿兄已经被朝廷任命为江州刺史，一旦战事平息，先生愿意在朝廷供职，可跟我一起回京师，如果不想离开家园，也可以帮万寿兄治理江州，造福桑梓。"

"蒙将军不弃，渊明敢不效劳！赴汤蹈火，在所不辞。"陶渊明站起来深施一礼，眼角湿润了。他在心中暗暗感叹：总算遇到明主了……

桓玄率领荆州全部兵力从江陵顺流而下，刘裕则加派刘毅联合何无忌刘道规，率众从寻阳逆流而上，两军在武昌（今湖北鄂州）的峥嵘洲相遇，展开生死决战。到了午夜，东风怒起，刘毅的队伍乘着风势，点燃早已准备的火炬，掷向桓玄的船队，那些高大的战船顿时烈火熊熊，荆州兵被烧得焦头烂额，哭爹喊娘。桓玄见大势已去，只得下令烧毁辎重粮船，仓皇逃跑。将士们各奔东西，作鸟兽散，桓玄挟持着晋安帝坐上舢板，狂奔五天五夜才逃回江陵。

江陵城已经乱作一团，第二天夜里火光四起，桓玄弃城而逃，上了江边兵船，在船上他被自己的部将杀死，6岁的儿子桓升也被捆绑起来送往江陵。桓玄死时36岁，他从元兴二年十二月初六篡位，到次年五月二十六日被杀，只称帝一百六十一天。他就像一个不知道火的厉害却喜欢玩火的小孩，最后落得个葬身火海的下场。

桓玄被杀的消息传到寻阳刘裕的中军大帐，众将士一片欢腾。陶渊明观察刘裕，却不见他的脸上有丝毫喜悦的神色，反而有点心神不定。片刻之后听见辕门外有人大喊："德舆兄，好消息，好消息！"原来是刘毅兴冲冲地闯了进来，直奔到刘裕的帅案前，气喘吁吁。

"希乐（刘毅字）兄，有什么事派个人来说一声就行了，怎么亲自跑来了？"刘裕笑道。峥嵘洲大战后，刘毅返回寻阳，一直在江边掌管着水军，同刘裕很少见面。

"我高兴啊，"刘毅一边擦着额头上的汗水一边说，"特别想找兄长喝几杯，就跑来了！"

"那好啊，摆酒，你有什么好消息，喝着说吧。"

"天子找着了！"刘毅叫道。

"噢？现在哪里？"

"就在江陵城里。桓玄这个狗头逃跑的时候，没顾得上挟持皇上，将皇上撇下了。荆州别驾王康产和南康郡太守王腾之，已经派人将皇上保护起来。江陵现在是一座没有防备的空城，只要我们派船过去占住，天下大势就定了。桓玄的狗头也让毛修之带回到江陵，还有他那个6岁的小孽种，现都在江陵城里，听候兄长发落。"

"天子找到了，的确是喜事。"这时酒菜已经摆上来了，刘裕举杯对众人道，"请诸位满饮此杯，祝皇上万岁万万岁，祝我大晋江山永固、万世不移!"

刘毅、刘敬宣、陶渊明和中军帐里的众幕僚，都举起杯来高呼万岁，一饮而尽。

"兄长，你说桓玄的狗头和他的小孽种，应如何发落?"刘毅问道。

"桓玄的人头，要派快马送回建康，高悬在朱雀航边示众，至于他的亲属，按照朝廷的律典，应该怎么处置啊?"刘裕问道。

"当然是死罪，只是这小家伙才六岁……"刘毅笑道。

"桓温死的时候，桓玄还只有四岁呢……留着终归是朝廷的祸患。举大事者就要除恶务尽，斩草除根，不能有妇人之仁!"

陶渊明心头一动，抬起头来注视刘裕，只见他那双总是微闭着的眼睛猝然睁开，里面射出两道寒光，闪烁了一下就熄灭了。

"好，兄长，今天天色已晚，明天我就兵发江陵，亲手去把那个小孽种杀掉，再把皇上接回来……"刘毅兴冲冲地说着，忽然发现刘裕的脸色不对，立刻将后半截话吞了回去。

大帐里死一般沉寂，谁也不知道刘裕铁青着脸紧撇着嘴角在想什么。过了半晌他才悠悠说道:"我听说这两天江面上要起大风，急着发兵过去，万一有个闪失就不好了，还是等两天吧。"

刘毅闻听此言，一眨不眨地盯着刘裕，闭紧了嘴巴不说话。刘敬宣按捺不住，起身说道:"主公，我看还是即刻进军为好。江陵现在是一座空城，天子又在城中，一旦被他人抢先占住，再将天子挟持起来，就会坏了大事……"

"万寿兄多虑了，桓玄已死，荆州兵已经成了无头苍蝇，再也成不了气候。北方的胡人狗咬狗正打得不可开交，再说他们要皇上也没有用，是不会来的。我们可以从从容容把皇上接回建康。希乐兄，你这两天不妨把水兵操练一下休整一番，等到风浪过去再去把皇上接回来，我明天就起程回京口（刘裕的镇军将军府设在京口），把朝廷那边好好安排一下，迎候天子回宫。"

桓玄已死，刘裕不去江陵接皇帝，却急急忙忙向后转，带着人马回京口，确实令陶渊明非常意外。但陶渊明并不是书呆子，跟着刘裕顺风顺水漂了几天，他渐渐想明白了。刘裕到寻阳来是为督战，但他没想到根本用不着督战，桓玄溃败得实在是太快了，快得让他乱了方寸。现在朝廷那边还没有完全安排好，如果让刘毅立刻把皇帝接回来，建康宫廷内的权力斗争就会立即展开，刘裕就有大权旁落的危险。所以他让刘毅拖延几天再去接皇帝，他则赶着回去把要害部门都安插上自己的心腹，把军政大权牢牢掌握在自己手中，造成既成事实，将来就没有人能够借皇帝的名义来约束他了。

看来他也不是真心匡扶晋室……陶渊明脑子里刚冒出这么个想法，自己又赶紧将它否定了。想当年谢安不是也跟桓冲争权吗？自己的曾祖父陶侃，一辈子不也是在跟别人争地盘吗？争权夺利实在是人之常情，只要他能用手中的权力造福社稷苍生。

陶渊明正站在船舷上俯视着滔滔江水发愣，忽然有小船靠了过来，跳上来一名士卒，向刘裕禀报：桓玄的堂兄桓谦和侄子桓振收集残兵败将又进占江陵，重新挟持了晋安帝，准备据城顽抗！此时距桓玄被杀已经过了十天，刘毅的大军居然还没到江陵，才使得桓谦和桓振有时间把溃散的部卒重新收罗起来，再占江陵！

刘裕听到这个消息，脸上浮现出一丝不易察觉的笑意。这对于他实在是个好消息。桓谦和桓振是成不了气候的，总有一天要被消灭掉，他们现在重新挟持住皇帝，刚好给了他一段时间回朝廷去翻云覆雨。他的心思陶渊明猜到了一些，但不可能完全猜透。不管怎么说，刘裕首举大义，在这么短的时间里消灭了桓玄控制住大局，避免了大规模的战乱和浩劫，于国于民都算立下了大功。陶渊明这次作为他的参军，跟着他回返京口，坐在他的帅船里观赏长江两岸的风光，心情还是舒畅的。

他回忆起了20岁时离开家乡坐船顺流而下的情景，那是他第一次出远门，去京城游学求仕；再就是五年前替桓玄送《讨海贼表》；算起来现在是他平生第三次顺江而下。长江两岸的景色，并没有太大的改变，但自己已经从满头青丝的少年变成了两鬓斑白的老人。他不由得想起了桓温的名句："昔年种柳，依依汉南，今见摇落，凄怆江潭，树犹如此，人何以堪？"已经53岁了，到了这把年纪，人生的真谛还是没有参悟出来吗？

越往前走，离京口越近，刘裕的气色越好，他经常站在船头，让阳光照耀在铠甲上闪闪发亮，让江风拍打在铠甲上铮铮有声。因为这大江两岸的锦绣江山，已经在他的股掌之中。陶渊明的心情却相反，离京口越近，就意味着离寻阳越远，江水托载着这一叶孤舟，也托载着他，一浪一浪、一寸一寸地远离了家乡和故园！妻儿还好吗？田里的庄稼怎么样了？已经发了三封家书，却没有收到任何回音……

每当黄昏降临、夕阳染红江面的时候，陶渊明的心头就涌起一阵莫名的悲伤，脑子里也冒出一些古怪的疑惑：自己这是要到哪里去呢？去京口？京口跟自己有什么关系呢？已经是年过半百的衰朽之身，不在家里守着娇妻稚子，跑到那里去干什么呢？刘裕是明主，可自己还是觉得跟着他不是那么回事，心里怎么总是不踏实。到了离京口很近的曲阿（今江苏丹阳），陶渊明写下了《始作镇军参军经曲阿》这首诗。

从小我就置身事外，倾心相许的只是弹琴读书。穿着布衣草鞋却怡然自得，生活困乏也总能处之泰然。做过江州的祭酒，郁郁不得志；当过桓玄的记室，险些辱没了节操。似乎时来运转，过了知天命之年我又厕身刘裕军中，这真是冥冥中老天给我的最后机会吗？让我有一天也可以信马由缰，漫步在大道通衢？我放下拐杖命人准备行装，暂时与我心爱的田园告别。

孤舟向遥远的异乡驶去，我对故乡的思念也被越扯越长，绵绵不绝。这一趟走得还不算远吗？跋山涉水，已经有一千多里了。十多天在船上待着，两岸秀丽的风光已经看得有些厌倦了，魂牵梦萦的还是自己的家园，心里想着的还是生我养我的那一方山水。抬头仰望白云，高翔的飞鸟令我羞惭；低头俯视流水，自在的游鱼也让我愧怍。难道我又违背了自己的本性，追逐起了虚无的功名？返璞归真是我早有的襟怀，谁说我的心灵会被喧嚣的尘世束缚？姑且随着时局的推移变化做一点造福社稷苍生的事情，我知道我最终的归宿还是故乡的蓬屋草庐。

随着桓玄的覆灭和刘裕的崛起，陶渊明似乎又看到了东晋政局的一丝曙光，心甘情愿做了刘裕帐下的参军。但他的功利之心早就死了，他只把这次从军当作是为国为民尽心尽力的机会，并没有改变自己躬耕田园的决心。他做诗明志：自己是一定要回家的！

⌒◈ 彭 泽 挂 印

经叔父陶逵介绍陶渊明来彭泽做县令。这就是后人称他为"陶彭泽"的缘由。在彭泽任职期间，他深爱彭泽的山水风光和风土人情，并将自己的亲属安排在治所附近居住，至今彭泽尚留有陶氏后裔数千人。他在任职第 81 天时，寻阳郡派督邮到县检查工作。属吏对他说："当束带迎之。"陶渊明叹息说："我岂能为五斗米向乡里小儿折腰！"遂解绶挂印而去。从此结束了他 13 年的仕宦生涯，赋《归去来兮辞》以表与上层统治阶级决裂和不与世俗同流合污的决心。

晋安帝义熙元年（405 年）秋陶渊明由于生活所迫，出任彭泽令。按照《晋百官注》记载，当时县令的年薪是四百斛，按月发放，每月米十五斛，钱二千五。十五斛米除以每月三十天，恰好是五斗米。无论怎么讲，这份收入不算是太低。他由此得到上百亩公田，有差役代他耕种。彭泽离家又不远，陶渊明可以优哉游哉等待"退休"。他还送了一个仆人帮儿子砍柴挑水。"此亦人子也，可善遇之。"说明陶渊明是一个充满人情味儿的文人。

陶渊明在彭泽当了几十天县令，一天，陶渊明得到一个消息：刘裕已封自己为车骑将军，总督各州军事；这个野心家只差一步就要夺取皇位了。

陶渊明预感到晋朝已经是名存实亡了，他十分灰心，便离开衙门回家去了。

妻子翟氏见陶渊明一副闷闷不乐的样子，不好多问。翟氏端上酒菜，可陶渊明却不动筷，仍然坐在那里叹气。过了一会儿，陶渊明冷不丁地说："我想辞职回家乡！"

翟氏一听就知道他又在官场上受气了，因为像这种辞职回家的话，陶渊明不知讲过多少次了。几个月前，陶渊明曾想辞职，还是翟氏提醒他，上百亩官田就要种上稻子了，待收成以后再辞职吧。当时陶渊明总算听了妻子的话，口气缓了下来。这次翟氏仍然用官田收稻之事来劝他，陶渊明听了以后，长长叹了一口气："唉，真没办法，难道我还是要做粮食的奴隶！"在翟氏体贴的劝慰下，陶渊明这才举起了酒杯。

时局的因素，加上陶渊明一副傲骨，他的辞官念头始终没有打消过。一天，衙役来报：过几天郡里派的督邮要到彭泽来视察。那个督邮陶渊明认识，是个专门依仗权势、阿谀逢迎，却又无知无识的花花公子。陶渊明想到自己将要整冠束带、强作笑脸去迎候这种小人，实在忍受不了。陶渊明叹道："我岂能为五斗米向乡里小儿折腰。"意思是我怎能为了县令每天的五斗薪俸，就低声下气去向这些小人贿赂献殷勤。于是，陶渊明离开衙门，板着脸回到了家，冲着翟氏吩咐道："收拾行装，回乡！"

"不为五斗米折腰"显出了陶渊明的气节，为后世不绝称颂，可这其中蕴涵的几多无奈、几许辛酸，又岂是一般人注意得到、体会得了的。

第二天，陶渊明乘船离开了彭泽。他出任彭泽令，在任仅81天，13年的仕途生涯终于结束。辞官归隐之后，陶渊明即赋《归去来兮辞》。

第四章

归 隐 生 活

　　陶渊明的后期生活，是指陶渊明 41 岁辞去彭泽县令回到家乡直到 63 岁去世这一时期的生活。陶渊明辞官归田后，开始了长达二十余年的躬耕、隐居生活。

　　归田之初，家有童仆，虽然他和妻子也参加耕作，但闲暇的时间较多，温饱亦不成大问题。

　　可惜好景不长。义熙四年（408 年），陶渊明家遭大火，林室尽焚。一场大火之后，片瓦不存，一家老少只能暂居在门前水滨的船上，大火可以烧掉诗人赖以生存的所有东西，但烧不去诗人对生活的信念。

　　此后，陶渊明的生活日益贫困，虽勉力耕作，但仍不免饥寒，甚至连勉强糊口都难以为继了。陶渊明生命最后的日子也是他一生遭遇最为艰难困苦的日子。带着遗憾，也带着无比的欣慰，饱经忧患的一代伟大诗人就这样在贫病交加中永远离开了这个他深深热爱的世界。

陶渊明的这次归隐是他人生中最重要的转折点，也是中国文学史上的一件大事，它标志着隐逸诗的最高峰的出现，也标志着一个极为重要的诗派——田园诗派的诞生。连陶渊明自己都意识不到，这次归隐使他成为中国文学史上隐逸诗的集大成者和田园诗的奠基人。即使对于整个中国历史，他的归隐也不是一件小事，它意味着中国历史上最著名的隐士诞生了！

陶渊明的酒事

陶渊明是中国历史上第一个大量写饮酒诗的文人。在现实生活里，他更是一个不折不扣的"酒鬼"。在他所居住的栗里那个地方，就有一块大石，叫"醉石"。据说，因他喝醉了的时候喜欢躺在这块石上而得名。

他生性爱喝酒，可是因为家里贫穷，不能常得到酒喝。他的居室简陋，遮不住风雨阳光，粗布短衣上面打了许多补丁，饭篮子和锅里经常是空的，可是他安之若素。他有钱的时候就喝酒，没钱的时候，就不喝。后来，因为亲人年迈，家里贫穷，他才不得不去做官，做了彭泽县令。他说，只要我能常常喝醉，就心满意足了！

做县令有一个好处就是能在公田里种自己的庄稼。他的妻子和儿子要求种粳稻，解决吃饭问题。他不惜与家人吵架，也要坚持种上大量的高粱，用来酿酒。才做了 81 天县令，没有等高粱成熟喝到新酒，他就解下官印辞去官职了。辞职当天，他写就了辞赋《归去来兮辞》。

陶渊明的归隐令当时的人很是钦佩。就是因为这样的一种骨气，很多人想和他结交，包括一些官吏。但常常被他拒绝。江州刺史王弘打算和他结交，却请不到他。知道他要去庐山，王弘让他的老朋友庞通之准备酒席，在半路间邀请他。陶渊明脚上有病，让"门生"和儿子抬着轿子，到了约定的地点以后，欣然和庞通之一同饮酒。正喝到畅快时，王弘到了。陶渊明没有和他发生抵触。王弘投其所好，两人成功结交，交往久了以后，也有了不错的交情。

陶渊明的朋友颜廷之，与其交情颇深，后来要到始安郡去做官，经过寻阳时，天天去拜访他。王弘打算邀请颜廷之赴宴，整天连他的影子都找不到。因为颜廷之和陶渊明每次都要畅饮，直到喝醉。要走的时候，颜廷之留下两万钱给陶渊明，陶渊明全部把钱送到酒家，以便以后一去就能喝酒。可陶渊明不是经常都有酒喝，曾经有一年九月九日没有酒了，他走出家来在菊花丛中坐了很久，时间长了，采了一把菊花，忽然赶上王弘送酒来，内心的喜悦油然而生，当即就开始饮酒，喝醉了才回去。

陶渊明收藏了一把素琴，没有琴弦，每当喝到高兴，就抚弄一番抒发心情。真是"乐琴而忘忧"。

只要是朋友，无论地位高低，来造访陶渊明，他有酒的时候便设酒宴一起饮酒，如果他先喝醉，他就跟客人说："我喝醉了，想去睡觉啦，你可以回去了。"虽说是官场不如意，陶渊明却在酒中找到了自己的生命乐趣，也算是"失之东隅，收之桑榆"。

晋安市义熙十二年（416 年），刘裕调集全国的兵力，从东向西，分五路讨伐后秦。首发攻克了洛阳，西晋故都得到光复。第二年又攻克长安。长安经过百年沧桑，终于被晋军收复。消息传到江南，朝野一片欢腾。

刘裕通过北伐，极大地扩大了他个人的权力。朝廷为了讨好刘裕，下诏书封刘裕为相国，总管朝政，又封他为宋公，食邑十个郡，加九锡，位在各诸侯之上，刘裕故作推辞。明眼人一看就知道，朝廷控制在刘裕手里，他想要什么，朝廷就得下诏书给他什么。他想当皇帝，当今的皇帝也得赶快让位给他，这是早晚的事。

那一年秋天，陶渊明总是闷闷不乐。他早就看透，晋朝的气数已尽，刘裕篡位只是迟早的事，他整天为这件事悲伤郁悒。只要晋朝存在，曾祖父陶侃的功绩就光辉灿烂，照耀家邦。一旦晋朝灭亡，就一笔勾销了。他又想一切都在发展变化，兴衰荣辱也在不断地交替更换。大到一个国家，小到一个家庭，莫不如此。为这些事烦恼也没有用，还是多喝点酒，好好睡一觉吧。

陶渊明只要弄到酒，没有一个晚上不喝他个一醉方休。他认识到，人生在世像闪电一样，稍纵即逝，就应该坦荡从容，无忧无虑地度过。也许靠着饮酒，我陶渊明就能青史留名。

醉酒之后反而诗兴大发，胡乱扯出一张纸，书写感慨，等到第二天清醒后，再修改润色。写好的诗稿越积越厚，让老朋友帮忙整理抄录。一共得到二十首诗，陶渊明把这一组诗题为《饮酒二十首》。

陶渊明写《饮酒诗》时，酒喝得不少，家中也经常断酒喝。当他写成十九首诗时，家里的酒坛酒罐又空了好几天。就在这个时候，一天清晨突然听见有人敲门。陶渊明披上衣裳，打开门一看，原来是邻居李老汉，抱着一个酒坛，站在门外。李老汉说："我们家大清早刚酿成的酒，我想让你尝个鲜，就赶紧给你送来了！"

陶渊明一看送酒来了，高兴得手舞足蹈地说："我几天不吃饭不觉饿，可是这几天没喝酒，简直渴得要死！"

"我还不知道你！"李老汉说道，"就算渴死了，也要当酒鬼。"

两个人朗朗地笑起来。

进到屋里，陶渊明迫不及待地倒出一海碗酒，浅黄色的酒液散发着迷人的酒香，叫人垂涎三尺。因为是刚酿成的酒，没有经过滤，酒面上漂浮着一些酒糟，像一些白蚂蚁。陶渊明去找滤酒巾，找了半天也没找到。一挠头，想起头上缠的葛巾，蒙在一只空碗上，把另一碗浑酒倒在葛巾上。他掸了掸葛巾上的酒糟，重新把葛巾围到头上，头上的葛巾也飘散着迷人的酒香，这股酒香，通过鼻子，一直钻到陶渊明的肺腑里。

陶渊明举起那碗滤清的酒一饮而尽，顿时觉得两眼发亮，两掖生风，每一个毛孔都透气，每一个细胞都快活。

"这是个好法子，"陶渊明得意地说，"又过滤了酒，又能戴在头上闻香。"

陶渊明喝足李老汉送来的酒，写成了《饮酒二十首》的最后一首诗。

人生不如意事常有八九，一杯薄酒浇灭了陶渊明心中的愁情烦绪。他留下的这么多酒事和被酒芬芳了的文字，更让

我们看到了一个真实可爱的陶渊明，看到了一个个体生命的
真性情。

❀天灾人祸自悠然

晋安帝义熙四年（408 年），陶渊明 44 岁。这其间时局
依然动乱不已，卢循义军继续与官军作战。刘裕坐镇京口，
掌握北府重兵后，又入为扬州刺史录尚书事，实际上控制了
东晋的军政大权，并怀着更大的野心四处征战。国无宁日，
百姓噤若寒蝉。人祸在世间不断，天灾又飞降陶渊明一家，
打破了陶渊明勉强维持的平静生活。这年夏天，安宁静谧而
洋溢着生活气息的"方宅十余亩，草屋八九间"的住宅，被
一场无情的大火烧光了。全家只好寄居在船上。虽然他努力
以君子固穷的气节来安慰、鼓励自己，可严酷的现实仍然让
他心中难以平静。面对无情的现实，陶渊明想到了很多很
多："总发抱孤介，奄出四十年；形迹凭化往，灵府长独闲；
贞刚自有质，玉石乃非坚。"回首前半生，他不认为自己的
选择有什么值得悔憾，哪怕落到如此地步，还以心坚胜玉石
来自励。诚然，天灾是偶发事件，但陶渊明的困窘却是由他
的心性、他的人生选择所决定的必然，悔憾毫无意义，唯有
自励才能振作，而不被天灾击倒，更不被自己的悲愤、怀疑
与悔恨击倒。"仰想东户时，余粮宿中田；鼓腹无所思，朝
起暮归眠；既已不遇兹，且遂灌我园。"他多么希望自己是
出生在衣食无忧的东户子时代啊，在传说中那个远古社会
里，道不拾遗，粮食多得吃不尽，余粮就放在地头。然而，
衣食无忧作为农民最简单的心愿也是那么遥远。陶渊明虽然

仰羡东户子时代，但并不停留于幻想，而是打起精神，重整田园。虽然这里有几许无奈和听天由命的成分，但他毕竟还是振作起来了。

遇火之后，经过全家半年多的整治，陶渊明渐渐恢复了往昔的生活，依然平静，依然清贫。陶宅失火后，刘遗民曾相邀他去庐山隐居，而陶渊明婉言谢绝，并告诉他自己一切当好，住宅业已修整，又该开垦新田了。并表白了"耕织称其用，过此奚所须？去去百年外，身名同翳如"的淡泊心情。

刘遗民隐居之处西林与上京的陶家不远，陶渊明有时去访刘，二人都是辞官归隐，有相投处。萧统《陶渊明传》载："时周续之入庐山，事释慧远，彭城刘遗民亦遁迹匡山（庐山），渊明又不应征命，谓之寻阳三隐。"周续之投到高僧名下，隐得似乎彻底，刘遗民离群索居庐山，也算得上高士，只有陶渊明隐在家中，忙于农事，相形见俗，但陶渊明不着意求隐，不标榜其特立独行，如《饮酒》诗云："结庐在人境，心远地自偏。"不离开亲朋故友，所以隐得真实，相反，周、刘则有沽名钓誉之嫌。渊明说："百年之后，身、名都会化为乌有。"功名之想已绝，隐者的虚名更非所图，只要安居田园，"栖栖世中事，岁月共相疏"，随着岁月的推移，自己远离了世事，世事也就远离了自己。

同年秋，陶渊明又作《酬刘柴桑》，由"新葵郁北牖，嘉穟养南畴"可见，陶渊明这年小有收成，于是打算出游，及时行乐："今我不为乐，知有来岁不（同否）？命室携童弱，良日登远游。"劳逸结合，能吃苦，也善取乐，携妻儿出游，陶渊明的情趣，毕竟高于一般农人。

义熙六年（410年），陶渊明一家由上京迁往南村。头年四月，刘裕即出兵北伐南燕，这年二月，刘裕攻下南燕都城广固，生擒燕主慕容超，南燕亡。当刘裕北伐南燕节节胜利的时候，卢循率十万农民起义军从广州向北推进，兵锋直指建康。三月，义军进攻豫章，江州刺史何无忌战死。义军进据寻阳。四月，刘裕匆忙赶回建康。五月，起义军在桑州（今江西九江市西）大败官军，刘毅狼狈逃走。七月，卢循攻建康不下，退守寻阳。

城门失火，殃及池鱼。战火烧到了陶渊明的家乡，陶渊明的生活与其他百姓一样受到了影响。这年九月，诗人才下田收割早稻。战乱纷至，芸芸众生无论是官员百姓都难保旦夕祸福，陶渊明更加珍惜自己的劳动成果，更加珍惜与世无争、自食其力的田园生活。《庚戌岁九月中于西田获早稻》一诗写道："人生归有道，衣食固其端；孰是都不营，而以求自安？"经营农事是为衣食自安，点明了一个朴素的真理。这比那些宣称躬耕是为了保守气节，实际却在观望时事、企待投机的隐者要真诚得多。"开春理常业，岁功聊可观。晨出肆微勤，日入负来还。山中饶霜露，风气亦先寒。田家岂不苦？弗获辞此难！"诗文反映出了农民的希望、喜悦，也反映出了陶渊明的疾苦。不是他们不觉得苦，只是没有办法摆脱。此时，陶渊明心中已生出隐忧，只怕这种虽苦仍安的生活也难以长久。而他的担忧，无论从时世来说，还是从自身条件、家庭境况来说，都不是多余的。

陶渊明移居南村之后，位近寻阳城，不再是荒僻、人迹罕至的气象，交游也就多起来。这也是他移居的一个重要目的。如其《移居二首》，言："昔欲居南村，非为卜其宅；闻多素心人，乐与数得夕。"不是南村宅地风水好，而是有心的朴素的人。如殷景仁、庞遵、颜廷之等可以经常往来。陶渊明并非像人们想象的隐士那么好静甘寂，而是常常苦于没有"邻曲时时来，抚言谈古昔"，没有知交与他"奇文共欣赏，疑义相与析"。南村是一个大村落，陶渊明与众多邻里打成一片。"过门更相呼，有酒斟酌之。农务各自归，闲暇辄相思。相思则披衣，言笑无厌时。"文人最怕的是寂寞。寂寞则生愁心，则生乱绪，陶渊明喜欢热闹、喜欢交游，免为这些无所寄放无以排遣的心绪所困。他诗人的气质、言谈又为邻里所喜爱。因此他们能如此投合、融洽相处，让陶渊明感到莫大的欣慰。陶渊明与当地官吏过往甚密。由《酬丁柴桑》一诗可见，他从这种交往中亦得到一丝乐趣。当然，这些官吏都不是昏官污吏。丁氏为柴桑令，从善如流，秉公办事，惠及一县，所以诗人才乐于和他往来，"放欢一遇，既醉还休"。

殷景仁是陶渊明的好友之一。他先做晋安南府长史，居住寻阳，与陶渊明彼此相投，后任刘裕太尉参军，移家东下。陶渊明作《与殷晋安别》一诗送他，深深怀恋二人的交谊，忆起昔日一见相投、畅谈同游的情景："游好非久长，一遇尽殷勤；信宿酬清话，益复知为亲。去岁家南里，薄作少时邻。负杖肆游从，淹留忘宵晨。"充满依依之情，同时也不无遗憾地说，彼此仕和隐的道路不同，分手势在必然："语默自殊势，亦知当乖分；未谓事已及，只言在兹春。"想到从此好友再难相见："飘飘西南风，悠悠东去云，山川千里外，言笑难为因。"诗人不由自伤："良才不隐世，江湖多贫贱。"优秀的人才不会隐居，只有自己这样寡陋贫贱的人才沦落江湖。希望以后他有机会还来看望自己："脱有经过便，念来有故人。"

陶渊明在和友人的交谈、唱和中，常常探讨一些人生哲理。他认为，生死乃自然之道。无论人生道路平坦或坎坷，只要纵心任情也就无所谓高下、贫贱了。幸福是一种感觉，没有客观的标准。纵心任情，自觉如意，这就是一种幸福。如果能对现实诸事达到这种超脱的认识，又何必要升天成仙呢？

世事对人生的影响，归根结底是通过人的心灵，通过主体精神转化为行为方式，其结果最后又归于人的心理积淀，即人的处世姿态与心情。陶渊明对生死、穷通、贫贱的认识未必放之四海而皆准，但他能达到这种适于自己的认识，也就能够安然于自己的处境，以不变应万变的心境，在天灾人祸莫测、通达乖蹇难知的人生旅程中踏踏实实地走下去。

独步高士之林

隐居田园后陶渊明成了当地最有名的隐士，在东晋时代隐士是"隐居以求其志"，是为人所接受和推崇的。净土宗始祖慧远景仰其"清风高洁"的品行，特邀请陶渊明入白莲社，陶渊明闻之问住持"弟子性嗜酒，法师许饮即往焉"，慧远欣然允之。成为唯一允许带酒参加东林寺开光和佛影台竣工大典之人。

慧远是北方佛学大师道安的大弟子，晋孝武帝太元二年（377 年）奉师命南下荆州传教，次年到庐山，后江州刺史为之修建东林寺。他的名声很大，不仅南方远近僧徒都来庐山求教，就是东晋政权要人也很尊重他。桓玄对佛教不满，曾经下令"沙汰僧尼"，但命令中也说明"唯庐山道德所居，不在搜简之例"。晋安帝曾经致书给他，甚至卢循北上攻晋时也上庐山相见。

东晋元兴元年（402 年），当时，净土宗始祖慧远与刘遗民在江西庐山邀集十八高贤，于东林寺结社念佛，立誓死后要往生西方极乐世界。他们还凿池种植白莲花。将念佛之地取名为白莲社。

陶渊明生活的那个动乱年代，也是佛教和道教都非常盛行的年代。当时慧远创办的白莲社宣扬佛法慈悲之心去感动芸芸众生，并相信一个人如果不信仰佛教，不相信有来生和因果报应，就会去危害社会。但陶渊明不相信有来生，"匪贵前誉，孰重后歌"，不在乎生前名誉，更不在乎身后有人讴歌，而且他认为："死去何所道，托体同山阿。"将生死看得很淡，由于理念相差悬殊，所以陶渊明婉言谢绝。相反为了反驳慧远的佛法无边的思想，他提出自己应对的理念，以自己的生活原型，以北方流民带过来的避乱传说，一起创造出了桃花源式的理想社会，是中国最早的和谐社会思想的渊源。

元兴三年（404 年），慧远做《形尽神不灭论》，宣扬人死后灵魂可以永存的宗教理论。义熙九年（413 年），慧远在庐山立佛影，做《万佛影铭》。铭立之后，当时文人歌咏者甚多。义熙十年（414 年），慧远、刘遗民、周续之等 123 人，在东林寺结白莲社，在佛像前发誓，要决心摆脱生死报应、因果轮回的痛苦，希望来世生在西方极乐世界，一时闹得沸沸扬扬。当时民众苦于战乱，需要精神寄托，忘却现实痛苦，所以非常崇信这一套学说，白莲社因之影响甚广。

虽然陶渊明、慧远、周续之、刘遗民等在时人心目中都是遁世高士，陶渊明却独步高士之林，不屑与白莲社十八贤同列。在慧远做《万佛影铭》《形尽神不灭论》，誉声四起、吟咏不绝的情况下，陶渊明独持形尽神灭的观点，做《形影神》三首，针锋相对地向众高士阐述了他对生命哲学的见解。他在诗中对人为形役、为影迷、为神扰的误区一一加以解说，劝诫时人也鼓励自己要委任自然，不强求生前高贵和死后声名。其序言说："贵贱贤愚，莫不营营以惜生，斯甚惑焉。故极陈形影之苦，言神辨自然以释之。好事君子，共取其心焉。"顾惜生命是人之本能，这并没有什么可劝解的，但过于忧生惧死地追逐生之荣华富贵，强求功名利禄，又孜孜不倦煞费苦心地追求长生不老，或者灵魂不灭，将希望寄托在来世，渴望有万世轮回不绝的幸福，反而忽视了此生平凡细微处的每一点体验，与实实在在的幸福感错身而过，这就是囿于尘心迷于妄念。所以诗人根据慧远宣扬神可以离开形影独存的逻辑，将形、影、神各自独立拟人，分作《形赠影》《影答形》《神释》来表述自己的思考，期望与关心这个问题的人们共同得到启发。《形赠影》是形对影的赠言，也是形即人之肉体的处世态度：天地、山川可以永存，草木枯悴可以再生，唯有人之形体必然死亡无存，既然这样，不如及时饮酒行乐。"天地长不没，山川无改时。草木得常理，霜露荣悴之。谓人最多智，独复不如兹。适见在世中，奄去靡归期。奚觉无一人，亲识岂相思？但余平生物，举目情凄而。我无腾化术，必尔不复疑。愿君取吾言，得酒莫苟辞。"

影对形的回答表现了处世态度的另一方面：人的生命不能永存，神仙境界又不可企及，人一死形神俱灭；但是如果生前行善，还可以给后代留下仁爱，这总比饮酒消愁要强得多："有生不可言，卫生每苦拙；诚愿游昆华，邈然兹道绝。与子相遇来，未尝异悲悦；憩荫苦暂乖，止日终不别。此同既难常，黯尔俱时灭；身没名亦尽，念之五情热。立善有遗爱，胡为不自竭？酒云能消忧，方此讵不劣！"形和影本来无分，是人的意识对肉体的思辨，幻化为独立的两种个体，而成佛理逻辑运行的两个范畴。陶渊明借用这两个范畴，分别表现了行善扬名和自得其乐两种人生观。积极有为和消极无为两种思想在诗人心中是始终并存、斗争着的，每个人心中都有这对抗着的两方面，在激进时让人厌倦，在安静时又让人不安。诗人现在也不时为自己的闲静无为而不安，他是如何来消释这种不安，遣除精神之困窘的呢？《神释》针对形和影赠答中所诉苦衷和不同观点进行调和、排解。饮酒使人可以忘记死的来临，但人终有一死，天天醉饮或许短寿；行善没人称誉，也只能在醉饮中忘生乐死。多虑徒然自伤，不如放任自然。"大钧私无力，万物白森著。人为三才中，岂不以我故！与君虽异物，生而相依附。结托既喜同，安得不相语！三皇大圣人，今复在何处？彭祖爱永年，欲留不得住。老少同一死，贤愚无复数。日醉或能忘，将非促龄具？立善常所欣，谁当为汝誉？甚念伤吾生，正宜委运去，纵浪大化中，不喜亦不惧。应尽便须尽，无复独多虑。"陶渊明表白说他不是不想立善，而是立善也没什么意义，人死之后什么都没了。这似乎过于消沉。只顾生前自在，不计身后毁誉，这种态度也是不能苟同的。但这实际上流露出诗人的苦衷：他想有所作为，可是生不逢时，运道不济，如今再也不可能有什么立善扬名的机会了。非不为，是不能。面对这种无情的客观现实，只有顺其自然。诗人顺应自然的思想，准确地说当是：能立善则立善，不能立善则自乐，不必强求。能立善固然可喜，不能立善亦无所憾，无所不安。这就是中国历代文人一致认定的人生态度：达则兼济天下，穷则独善其身。它融合了儒家积极有为、道家清静无为听天由命、佛教万事皆空的思想。陶渊明这种思想与后世文人天然相通，奠定并强化了中国文人处世心态的基调。

回过头来再看慧远、周续之、刘遗民之流的思想与行为，似乎超尘脱俗，其实是生死成败的情结未解，隐身而未隐心，即使遁迹空门，也未能弃绝尘念。遁入空门，本身就是一种自我诡辩式的逃脱。如果真的万念俱灰，生死无虑，那么形体安在何处又有什么重要呢？不过是心理难以平衡，求得苟安的自慰而已。要不就是逃避，逃避世事也逃避心灵。更多的僧尼则是杂念纷纭的。崇信来生、寄望来生本身就是欲念未绝，心室不空。慧远之流共期西方乐土，表面上看是远绝红尘，实质是今生欲望的变形与转移。这只可欺世，使人们疏忘了有生之年实实在在无论大小的作为，真真切切无论甘苦的感受。而这些作为、感受，才是人生的真正内容，是幸福的基础与源泉。至于隐者，倘若有机会立善，就不当隐；倘主客观条件决定了不得不隐，那么息绝仕念，安于平淡生活就可以了，无须隐身于名山，远遁于密林。小隐隐于野，大隐隐于市，不计荣辱得失，哪里都是真隐；假如不能忘生死成败，哪里都是自欺欺人。有些隐者如伯夷、叔齐，藏在深山，那是为了避祸，为了不仕周朝，少惹麻烦。如果仅仅是跑到罕无人迹的地方，只得隐者之形，未得隐者之心。周续之号为十八贤之一，俨然当世高士，可慧远、刘遗民死后，他就在庐山待不住了，应江州刺史檀韶之邀去城北讲《礼》。陶渊明则是完全厌弃了官场的纷乱，厌弃了城市的嘈杂。如果隐者是"气节"的代名词的话，陶渊明不是隐者，他的隐只是一种主观基于客观而作出的人生选择。如果隐是指渗透生死成败、荣辱得失后所达到的一种平静的话，那么陶渊明是真正的隐者，率真任情，是顺其自然的恬达高士。但陶渊明显然更愿意是一个普通的能诗善文、雅意满怀、恬然自适的农人，而不在意隐者高人之虚名。这才是真正的陶渊明。

义熙十年（414年），陶渊明50岁，到了知命之年，他叹老伤时，感慨万端，因作《杂诗》八首。《杂诗》八首之一：

> 人生无根蒂，飘如陌上尘。
> 分散逐风转，此已非常身。
> 落地为兄弟，何必骨肉亲！
> 得欢当作乐，斗酒聚比邻。
> 盛年不重来，一日难再晨。
> 及时当勉励，岁月不等人。

此诗写他聚众邻狂饮，想到人生如浮萍般漂泊不定，命运难测，表达了少壮时应当勉励自己有所作为，而不在此时空叹盛年已逝的感慨。

其二

> 白日沦西阿，素月出东岭。
> 遥遥万里辉，荡荡空中景。

风来入房户，夜中枕席冷。

气变悟时易，不眠知夕永。

欲言无余和，挥杯劝孤影。

日月掷人去，有志不获骋。

念此怀悲凄，终晓不能静。

此诗写一个清凉的月明之夜，诗人一夜无眠，独自饮酒，想到岁月抛人而去，志向未得施展，心潮久久不能平静。

其三

荣华难久居，盛衰不可量。

昔为三春蕖，今作秋莲房。

严霜结野草，枯悴未遽央。

日月还复周，我去不再阳。

眷眷往昔时，忆此断人肠。

诗人自己已经垂垂老矣，想到人死不能复生，抚今思昔无限感伤。

其四

丈夫志四海，我愿不知老。

亲戚共一处，子孙还相保。

觞弦肆朝日，樽中酒不燥。

缓带尽欢娱，起晚眠常早。

孰若当世士，冰炭满怀抱。

百年归丘垄，用此空名道。

诗人又不屑于世人追逐虚名浮利，只愿安享天伦之乐，忘情酒中，欣然不知老之将至，反映出诗人心绪的矛盾、烦乱。

其五

忙我少壮时，无乐自欣豫。

猛志逸四海，骞翮思远翥。

荏苒岁月颓，此心稍已去。

值欢无复娱，每每多忧虑。

气力渐衰损，转觉日不知。

壑舟无须臾，引我不得住。

前涂当几许，未知止泊处。

古人惜寸阴，念此使人惧。

诗人无限怀念少年时的神思飘逸，豪情满怀，如今气力日衰，再也不能有新的幻想，坐待死期到来，不由满腹忧惧。

其六

昔闻长言者，掩耳每不喜。

奈何五十年，忽已等此事。

求我盛年欢，一毫无复意。

去去转复速，此生岂再值！

倾家时作乐，竟此岁月驶。

有子不留金，何用身后置！

由过去的不愿听长者谈人之亡故，变成到如今的不得不正视这个将要临及自身的现实，诗人虽然尚未解开死亡情结，但坚持行乐此生之念，不屑于为来世布施。

其七

日月不肯迟，四时相催迫。

寒风拂枯条，落叶掩长陌。

弱质与运颓，玄鬓早已白。

素标插人头，前途渐就窄。

家为逆旅舍，我如当去客。

去去欲何之，南山有旧宅。

诗人把家比作旅舍，把自己比作过客，形象地写出了面对死亡的无奈之情。

《杂诗》之八写耕种无方，家计日困的苦恼。

代耕本非望，所业在田桑。躬亲未曾替，寒馁常糟糠。岂期过满腹，但愿饱粳粮。御冬足大布，粗絺已应阳。正尔不能得，哀哉亦可伤！人皆尽获宜，拙生失其方。理也可奈何，且为陶一觞！

他想不通命运为何如此逼迫自己，只有以酒相忘。

《杂诗》八首回荡着悲凉之气，反映了诗人大济苍生之志未遂、独善其身之计亦难，而身衰心老的辛酸。同样的情绪在次年诗人回到故居时所作《还旧居》一诗中也流露出来："常恐大化尽，气力不及衰。拨置且莫念，一觞聊可挥。"由这些诗中可以看到，在人们心目中恬然自安的陶渊明，内心其实是苦楚、落寞、迷茫的，恬然姿态既是他参透人生后的心理状态，更是他主体精神外化、物化借以自慰自励的支柱。

陶渊明高出常人之处，就在于他不以当时流行的"形尽神不灭"的观念来麻醉自己，把希望寄托在虚幻的来生，而是在惨淡的现实面前极力挣扎，进行心理的自我调节。因此，他才能从生活中找到乐趣，由《丙辰岁八月中于下潠田舍获》一诗可见他的情绪好转了。"饥者欢初饱，束带候鸡鸣。"终于以苦为乐，而这正是他努力耕作带来的，也是自我调适的结果。虽然日后还将时有所叹，但冲淡而偶显壮气却已成了他风格的主导方面。直面现实，把握现实中每一点微小的东西，正视心灵，不断自我安慰，自我激励，进入自由的精神境界，这些是古往今来的许多"高士"所做不到的。那些"高士"，逃避现实，逃避真心，不敢正视自己的失意，不愿承认自己的落寞、凄苦，只有寄情于玄理，沉溺于清谈，忘身忘心于高士的虚名。而一旦当权者相招，就受宠若惊，不知是为人所役，反认为天生我才必有用，卑躬屈节，哪里还有人格的尊严！远如"竹林七贤"中的山涛、王戎，近如周续之，都是着意标榜，实无隐心。至于嵇康，不听孙登之言，表面上有隐逸之志，实际上性情刚烈，不能顺应世事，以致招来杀身之祸。刘伶则完全醉于酒中，至死都在逃避。陶渊明虽与他们同列于隐逸之林，但他表现出截然不同的处世风格。他始终在审视内心，自省人在世间，在生死之间的哲理，化落寞、悲苦、忧愤为平淡，渺生死成败荣辱而从容，其为生也真，其为诗也真。

易 代 悲 歌

义熙七年（411 年）至义熙十二年（416 年）间，时局发生重大变化。这其间陶渊明的生活仍如流水一般缓慢平静。义熙七年八月，从弟敬远亡故，在陶渊明心中激起一些波澜。陶渊明作《祭从弟敬远》一文，满怀深情地悼念他。敬远比渊明小 16 岁，死时只有 31 岁，两人的母亲还是亲姐妹。陶渊明居丧躬耕时，按礼制不能与妻子同居，而与敬远住在一起，情深意笃。"惟我与尔，匪但亲友，父则同生，

母则从母。相及龇龀，并罹偏咎，斯情实深，斯爱实厚！念彼昔日，同房实欢，冬无雪褐，夏渴瓢箪。相将以道，相开以颜，岂不多乏，忽忘饥寒。"尤其在陶渊明弃官退隐后，这种亲情更给他莫大的安慰："敛第归来，尔知我意，常愿携手，置彼众议。每忆有秋，我将其刈，与我偕行，舫舟共济。"天伦之乐是人间至乐，天伦之情是人间至情。亲情是人抵御一切风霜的港湾，是心灵最可靠的依托，是无论穷富贵贱都不会失去的最后安慰。然而，诗人8岁丧父，30岁丧妻，37岁丧生母，41岁丧从妹，如今又丧从弟，不断失去至乐至情，不断失去心灵的依托与安慰。他怎能不"望眺翩翩，执笔涕盈"！

义熙九年（公元413年），刘裕在平定叛乱、统掌朝政之后，派遣专使来到寻阳，以东晋政府名义，征命陶渊明等庐山三隐士入京，担任著作郎之职，陶渊明以身体不适为由，婉言谢绝了。义熙十一年（公元415年），刘裕又派渊明好友庞遵回乡说服渊明出仕，又一次被渊明谢绝。接着江洲刺史王弘又传出请其出山和有意结识的信息，而陶渊明却利用遍游庐山的时间差，躲开了王弘的造访。

义熙十三年（417年）七月，刘裕攻克长安，秦主姚泓出降，后秦灭亡。这是自淝水之战以来，东晋对北方的又一次重大胜利。刘裕的声威更加显赫。晋安帝下诏晋封他为宋公。

十二月，刘裕急于做皇帝，顾不得巩固胜利，经略西北，只留12岁的幼子刘义真及部将驻守长安，自己匆匆忙忙迁回江南。次年六月，刘裕为相国，受九锡。十二月，刘裕杀晋安帝司马德宗，立司马德文为帝，是为晋恭帝。而关中则为夏主赫连勃所取，长安复陷。

天道将变，人人自危，尤其是敏感的诗人，更隐隐感到了祸难的临头。虽然这种预感有些过敏、多虑，但乱世之中，全没了朝纲政纪，道德人伦，谁能保平安无事？前车有鉴，易代之际，在朝者固然必有祸患，在野的名士也难免麻烦。陶渊明忧心忡忡。

晋恭帝元熙元年（419 年）七月，刘裕被封为宋王，十二月加殊礼，代晋称帝已成定局。

局势渐明，兵戈渐息。战火留在人们心中的阴影和伤疤却没有消失。每个人都只渴望平静。陶渊明在目睹了几十年的人事纷争、经历了几十年的内心交战之后，更是需要平静。辞著作佐郎不变，就是不愿意破坏这种平静，不想让心河再起波澜。从《五柳先生传》中，可以看出他这时的生活状况与心境：

> 先生不知何许人也，亦不详其姓字。宅边有五柳树，因以为号焉。闲静少言，不慕荣利。好读书，不求甚解，每有会意便欣然忘食。性嗜酒，家贫不能常得。亲旧知其如此，或置酒而招之。造饮辄尽，期在必醉；既醉而退，曾不吝情去留。环堵萧然，不蔽风日，短褐穿结，箪瓢屡空，晏如也。常著文章自娱，颇示己志。忘怀得失，以此自终。赞曰：黔娄之妻有言："不戚戚于贫贱，不汲汲于富贵。"其言兹若人之俦乎？衔觞赋诗，以乐其志。无怀氏之民欤？葛天氏之民欤？

黔娄氏生前缺衣少食，死后衣不蔽体，但他甘天下之

淡味，安天下之卑位，不戚戚于贫贱，不汲汲于富贵，求仁而得仁，求义而得义，所以死后他的妻子坚持谥他为"康"。诗人认为五柳先生也是这样的人，饮酒吟诗，自得其乐，仿佛是无怀氏和葛天氏时候的人。无怀氏时代的人，"甘其食，乐其俗，安其居而垂其生"，"鸡犬之声相闻，而民老死不相往来"，葛天氏时代的人，"不言而自信，不化而自行。"诗人神往那个上古时代，酒中忘情，俨然也返璞归真回到了远古。诗人对现实完全绝望，便从古人那里寻找自我印证、认同的精神支持，从古代社会里寻求理想的意境，构织心灵世界的美好蓝图。古人古风古代的诗情画意不断从书中进入诗人的幻想和心愿中，他的神思渐渐走向了"桃花源"境界。

晋恭帝元熙二年（420 年），陶渊明 56 岁。六月，刘裕代晋称帝，改元永初。晋恭帝被废为零陵王，东晋灭亡。

刘裕的篡权称帝让陶渊明终于发出了冲天之怒，他的曾祖父为之付出毕生精力，自己多年来一直梦寐以求为之竭力的晋王朝从此在历史上彻底消失了。它的灭亡，带走了陶渊明的最后一点梦想和希望，他想痛痛快快大哭一场，却欲哭无泪，他想对着苍天大喊，却无法喊出声音。值此朝代更替之际，他的心情极为复杂。作为曾经入仕东晋的旧吏，他有失君亡国的悲哀和屈辱，无论晋王朝多么令他失望，他毕竟曾经是它的一员。而且，新朝还会给芸芸众生带来什么样的祸患，还会给他这么一个颇有名气的文人带来什么样的烦扰，也是难以预料的。再者，作为一个垂垂老矣的贫士，晚景凄凉，前途黯淡，行将就木，一切都成为云烟，改朝换代所触发的，更是自身一生失意、潦倒不堪的慨叹。他紧闭双目，静静地坐着，像是一个痴呆者。第二天一早，就向家人和村人宣布，从今开始，改名陶潜，拒绝任何官方来往。

这年所作的《咏贫士》七首、《拟古》九首等，借古言今，集中而强烈地抒发了晋宋易代后感时叹己的复杂心绪。

死 如 之 何

陶渊明生活的那个动乱年代，也是佛教和道教都非常盛行的年代。从某种程度上说，佛教和道教都是以"死"为背景而建立起来的。但陶渊明的生死观很大部分是从现实生活和亲身体验中得来的，他有着和佛教、道教不同的人生见解。

陶渊明最后的岁月，是在贫病交加中度过的。如《与子俨等疏》中所言："病愈以来，渐就衰损，亲旧不遗，每以药石见救，自恐大分将有限也。"治病要靠亲友，可见其困。

从永初三年（422 年）至元嘉四年（427 年）间，陶渊明的生活内容，不外乎是泛览经籍史书，吟诗作文。也曾收授门徒。仍然好酒，但有时到了断炊挨饿的地步，酒更是喝不上了。他的朋友有时送钱周济他，如著名文学家颜廷之就曾送他两万钱，他"悉送酒家，稍就取酒"。当地长官慕其名而怜其处境，偶尔也接济一下他。

陶渊明 62 岁时，新任江州刺史檀道济送来厚礼，他以无功不受禄而拒收。接着檀道济又亲自登门拜访，馈赠酒和粮

食，他也没有收下。这其间他写下了《咏贫士》诗七首，表达了他守贫固志的高尚节操。

其一

万族各有托，孤云独无依。

暧暧空中灭，何时见余晖。

朝霞开宿雾，众鸟相与飞。

迟迟出林翮，未夕复来归。

量力守故辙，岂不寒与饥？

知音苟不存，已矣何所悲。

诗歌用比兴的手法，以无依无靠的孤云自拟，与有所凭借和依托的万族形成了鲜明的对照。这不仅是对依恃门阀世袭而把持朝柄的士族的影射和冷嘲，更展示了孤云的耿介不阿的可贵品质，以及"量力守故辙"，不以饥寒潦倒为意的精神追求，是陶渊明孤独而高洁情怀的象征。元人刘履说："所谓朝霞开雾，喻朝廷之更新；众马群飞，比诸臣之趋附。而迟迟出林，未夕来归者，则又自况：其审时出处与众异趣也。"（《选诗补注》）

其二

凄厉岁云暮，拥褐曝前轩。

南圃无遗秀，枯条盈北园。

倾壶绝余沥，窥灶不见烟。

诗书塞座外，日昃不遑研。

闲居非陈厄，窃有愠见言。

何以慰吾怀，赖古多此贤。

此诗直抒胸臆，具体详细地描绘了陶渊明晚年生活的窘困匮乏、饥寒交迫、无心读书的苦况，以及诗人以大贤孔子为精神力量克服艰辛，渡过难关的决心和坚持"厚志薄身"的价值取向。

其三

荣叟老带索，欣然方弹琴。

原生纳决履，清歌畅商音。

重华去我久，贫士世相寻。

弊襟不掩肘，藜羹常乏斟。

岂忘袭轻裘，苟得非所钦。

赐也徒能辨，乃不见吾心。

诗歌通过古代贤者荣启期、原宪虽然贫困潦倒却不放弃精神追求，安贫乐道，保持了正常的心态的事迹来勉励自己身处乱世、不能因境遇的艰难而动摇，也不能为不义之财的引诱而动心的情态。

其四

安贫守贱者，自古有黔娄。

好爵吾不荣，厚馈吾不酬。

一旦寿命尽，弊服仍不周。

岂不知其极，非道故无忧。

从来将千载，未复见斯俦。

朝与仁义生，夕死复何求。

贫穷之士并非无才之人，高贵之家不乏无能之辈，这是已经被无数的历史事实所证明的真理。陶渊明对此更有深刻的认识和真切的体会。他在这首诗中援引皇甫谧《高士传》中黔类的故事为吟咏对象，重点突出其洁身自好，不慕荣利，坚决辞让鲁国权位，拒不接受齐王重金的高尚品质，认为他是历史上杰出的罕见人物，展示了他为了崇高的理想甘

愿贫穷守节的志趣。

其五

袁安困积雪，邈然不可干。

阮公见钱入，即日弃其官。

刍槁有常温，采莒足朝餐。

岂不实辛苦，所惧非饥寒。

贫富常交战，道胜无戚颜。

至德冠邦闾，清节映西关。

其六

仲蔚爱穷居，绕宅生蒿蓬。

翳然绝交游，赋诗颇能工；

举世无知者，止有一刘龚。

此士胡独然？实由罕所同；

介然安其业，所乐非穷通。

人事固以拙，聊得长相从。

其七

昔在黄子廉，弹冠佐名州。

一朝辞吏归，清贫略难俦。

年饥感仁妻，泣涕向我流。

丈夫虽有志，固为儿女忧。

惠孙一晤叹，腆赠竟莫酬。

谁云固穷难，邈哉此前修。

《咏贫士》的第五、六、七三首，分别对古代既穷又贤
的典型袁安、阮公、张仲蔚、黄子廉等人的事迹抒发感慨。

袁安饥寒冻馁而孤介耿直，阮公鄙弃钱财而辞官，张仲蔚贫困而长于诗歌，黄子廉清贫终老。陶渊明从他们的身上汲取了无穷的力量："谁云固穷难？邈哉此前修。"这组诗不仅称颂了古之贫贱潦倒守志坚贞、贫贱不移的高贵品质，更重要的是给陶渊明以精神楷模和力量源泉。诗中这些贫士已经不仅是古代坚持理想、不苟合取容的贤能之辈事迹的简单复述，而是倾注了陶渊明的人格力量、精神追求与价值取向，是《咏贫士》归田之后历尽躬耕自资而维持生计尚感困难的反映，这些贫士形象中无不闪现着陶渊明的为人行事和理想操守，称他们是陶渊明的文学写照是恰如其分的。

易代之后的局势，仍然不得安宁。永初三年（422年）五月武帝刘裕病死，少帝刘义符继位，景平二年（424年）五月，司空徐羡之、领军将军谢晦等废少帝刘义符，六月杀之，八月，迎立荆州刺史、宜都王刘义隆为帝，是为宋文帝。元嘉三年（426年），宋文帝杀宰相徐羡之、傅亮和荆州刺史谢晦，把权力收回手中。变乱若此，难怪陶渊明对檀道济"值此文明之世"的话不屑置辩了。

陶渊明拒受檀道济馈赠那年，贫病益剧。其情状反映在《有会而作》一诗中。诗序说："旧谷既没，新谷未登，颇为老农，而值年灾。日月尚悠，为患未已。登岁之功，既不可希。朝夕所资，烟火才通。旬日已来，始念饥乏。岁之夕矣，慨然永怀。今我不述，后生何闻哉！"青黄不接，勉强维持才未断炊，时时为衣食匮乏操心。陶渊明要让后世知道命运对他多么不公，并表明他的心迹。"弱年逢家乏，老至更长饥。菽麦实所羡，孰敢慕甘肥！惄如亚九饭，当暑厌寒

衣。岁月将欲暮，如何辛苦悲！常善粥者心，深念蒙袂非。嗟来何足吝，徒没空自遗！斯滥岂攸志，固穷夙所归。馁也已矣夫，在昔余多师。"诗中可见遥远吗，陶渊明已到靠人接济甚至向人告贷的地步。嗟来之食也可接受，否则只是徒然挨饿，陶渊明说出这样的话，是因为向人告贷和接受馈赠是他的自尊心无法忍受的，只是迫不得已。末四句表达了他穷不丧志的决心，而他拒受檀道济馈赠的精美食品，也是维护了自己最后的尊严和心志。

在饥饿贫困中，陶渊明的身体愈来愈衰弱了。元嘉四年（427年），陶渊明疾病加剧，大概预感到死期已近，在九月中神志还清楚的时候，他给自己写了《挽歌诗》三首。

其一

有生必有死，早终非命促。

昨暮同为人，今旦在鬼录。

魂气散何之，枯形寄空木。

娇儿索父啼，良友抚我哭。

得失不复知，是非安能觉！

千秋万岁后，谁知荣与辱？

但恨在世时，饮酒不得足。

在东晋的时候，能像陶渊明这样把生死看得很透，能提出"有生必有死"这样的命题，是很可贵的。不像有些人炼丹念咒，幻想得道成仙，长生不老。陶渊明意识到，人死后一了百了，特别是随着时间的流逝，是非功过、荣辱得失，谁能评说！不如在世的时候多喝几杯酒。西晋时张翰曾说："使我有身后名，不如即时一杯酒。"陶渊明似有同感，在这首诗的最后两句："但恨在世时，饮酒不得足。"虽近诙谐，也是肺腑之言。

其二

在昔无酒饮，今但湛空觞。

春醪生浮蚁，何时更能尝！

肴案盈我前，亲旧哭我旁。

欲语口无音，欲视眼无光。

昔在高堂寝，今宿荒草乡。

一朝出门去，归来夜未央。

这首诗写的是人死后从入殓到停尸家中受祭奠的情形。紧接上篇，活着的时候，想喝酒杯常空。如今，在祭奠的案桌上，酒盈杯，肴摆满。想喝不能喝，想吃不能吃。亲人扶着棺枢哭，我口无音，眼无光。一旦出门去，葬在荒郊野外，长眠地下，暗无天日，与这个世界永别了。

其三

荒草何茫茫，白杨亦萧萧。

严霜九月中，送我出远郊。

四面无人居，高坟正嶣峣。

马为仰天鸣，风为自萧条。

幽室一已闭，千年不复朝。

千年不复朝，贤达无奈何。

向来相送人，各自还其家。

亲戚或余悲，他人亦已歌。

死去何所道，托体同山阿。

这首诗通篇写送葬下葬的过程，突出写了送葬者。把墓地的环境、气氛写得历历在目，把送葬者的表现也写

得合情合理。最后说："死去何所道，托体同山阿。"意思是说人死后还有什么好说的呢，把尸体托付给大自然，化作大山脚下的一抔土，无论是达官贵人，还是平民百姓，谁也无可奈何这样的命运。陶渊明这样豁达是空前的。

陶渊明在辞世前两个月，写下了他的绝笔《自祭文》。他以简朴的四言韵文平静地想象着自己死后入墓的情景，然后回顾了自己坎坷的一生，清贫的家境，辛勤的耕耘，过着与琴书为伴、以山泉为友的平静生活。

原文：

岁惟丁卯，律中无射。天寒夜长，风气萧索，鸿雁于征，草木黄落。陶子将辞逆旅之馆，永归于本宅。故人凄其相悲，同祖行于今夕。羞以嘉蔬，荐以清酌。候颜已冥，聆音愈漠。呜呼哀哉！茫茫大块，悠悠高旻，是生万物，余得为人。自余为人，逢运之贫，箪瓢屡罄，絺绤冬陈。含欢谷汲，行歌负薪，翳翳柴门，事我宵晨，春秋代谢，有务中园，载耘载籽，乃育乃繁。欣以素犊，和以七弦。冬曝其日，夏濯其泉。勤靡余劳，心有常闲。乐天委分，以至百年。惟此百年，夫人爱之，惧彼无成，愒日惜时。存为世珍，殁亦见思。嗟我独迈，曾是异兹。宠非己荣，涅岂吾缁？捽兀穷庐，酣饮赋诗。识运知命，畴能罔眷。余今斯化，可以无恨。寿涉百龄，身慕肥遁，从老得终，奚所复恋！寒暑愈迈，亡既异存，外姻晨来，良友宵奔，葬之中野，以安其魂。窅窅我行，萧萧墓门，奢耻宋臣，俭笑王孙，廓兮已灭，慨焉已退，不封不树，日月遂过。匪贵前誉，孰重后歌？人生实难，死如之何？呜呼哀哉！

译文：

丁卯年九月，天气寒冷，夜长，气氛萧瑟，鸿雁南飞在途中，草木发黄凋零。陶子将要告别人世，永远归于土地。老友凄惨悲痛，一同在今晚为我送行。烧好鲜美的菜蔬，献上清醇的美酒。看着我的脸色渐渐昏暗，听着我的声音越来越远去。呜呼可悲呵！

茫茫大地，悠悠高天，天地生万物，我才得以成为人。自从我降生，遇到的都是贫贱之命，饭碗水瓢常常是空的，冬天还穿着夏天的衣服。带着欢乐去山谷里汲水，一路唱着歌背负着柴火，柴房是昏暗的，从早晨到夜晚一直不停地干着活。春去秋来，在园中干活，又是耕田又是培土，又是育苗又是繁殖。高兴地看书，快乐地弹琴。冬天晒晒太阳，夏天洗洗清泉。辛勤劳作，不剩下半分体力，心中常常有闲情逸致。快乐地接受老天给我的命运，顺从本分，一直到死。

只因为人生只有这一百年，人们才爱它。害怕一事无成，贪爱、珍惜时光。活着时是世上的珍宝，死后还被人思念。可叹我与众不同，想法竟与别人完全相异。我认为别人对我的宠爱不是自己的荣耀，别人对我的玷污也不是我的耻辱。在

破败寒酸的茅庐里依旧傲兀，痛快地饮酒写诗。了解了自己的命运，才能做到不再眷恋人生。如今我死了，可以没有遗恨。到了百岁的年龄，一心向往深居简出，因为老而死了，有什么可以再留恋的？时光飞逝，死了已与活着不同。亲戚们一早前来，好友们趁夜赶来。把我葬在野外，让我的灵魂安宁。

我的鬼魂在暗中行进，我的坟墓在旷野冷冷清清，宋臣造墓过于奢华让人耻之，王孙入葬过于简单，让人笑之。死了就空空如也，感慨也已遥远，不起坟，不植树，日月也就这样过去了。不看重生前的赞誉，谁还会看重死后的歌颂，人生实在很艰难，死又算得上什么呢？呜呼悲哀啊！

在这篇祭文中，陶渊明对自己的生活情状、性格志趣和人生理想进行了总结性的抒写。在他看来，人要长有欢乐，必须乐天委分，也即顺应自然，只有顺应自然，才能做到赏不为喜、罚不为忧，享清明之心境而无物欲之牵累。正是带着这种通达的认识，他不骛外求，敛情抑性，专意于自然，于是负薪汲饮、耘籽繁育，在他皆有乐趣。同时，他能绝去世人常有的叹老嗟卑，现实地看待生命，勘破生死大关，以欣悦而又安详的心境，回归自然。

陶渊明不让家里人为他堆起高坟，不在墓地植树，让他像一个平常百姓那样埋没土中，任自己的形体化为尘土，在时光中消失无踪，不在世上留下任何遗迹。文章结尾，他发出在人世上的最后一声叹息："人生实难，死如之何！"人生实在艰难，死又能把我怎么样？人一生之不平，都化成了对死的蔑视，也是对人生艰难的蔑视。生也无奈，死也无奈，但是只要能看破生死成败得失荣辱，生前艰难又能把人怎么样，一杯浊酒泰然处之；死后寂寞又能把人怎么样，一支诗笔凛然笑傲。

元嘉四年（427 年）十一月，63 岁的陶渊明黯然瞑目，亲友们依照他的遗愿，以"省讣却赠，轻哀薄敛"的俭朴仪式安葬了他，并遍询他的生前好友，给他谥号为"靖节徵士"。

陶渊明的德行一直为人钦敬，其文名虽然在他死后寂寞百年，但到唐宋就有了不可动摇的崇高地位，至今，他的创作已成为中国文学发展史上的一个重要里程碑。身后盛誉若此，诗人若在天有灵，也可聊慰于心了。然而，诚如陶渊明生前清醒认识到的，形尽神灭，这一切他都不会知道，不足以弥补他生前的遗憾，"死去何所道，托体同山阿"。陶渊明虽然一度寄希望于后世的理解，但他无以真切实在地感受到这一切。"匪贵前誉，孰重后歌？"他在临死之前已抛弃了这些对后世的期望，这些虚幻的安慰。当后人说他的被理解、被尊崇可以告慰诗人在天之灵时，其实不过是在安慰自己，抚平自己因诗人不能享受这一切的无限遗憾。当后人为陶渊明惋惜时，就把自己阅读陶渊明作品时所获得的美感以及对他人格的敬意转化为他的感受，在这种意境的沟通中为陶渊明的欣慰而欣慰。"虽余身后名，一生亦枯槁。"只有理解了美丽的花儿根下凝结的泪血，只有理解了陶渊明一生的失落与痛苦，只有为他而憾而伤，这才是真正理解了他与他的诗文。如果仅仅满足于把陶渊明的作品当作审美对象，那是自私而无情的。

"人生实难，死如之何。"陶渊明把这样深切的悲哀化为艺术献给了后人，后人怎能仅仅满足于欣赏他的悲哀？陶渊明吟诗如杜鹃泣血，当后人的心灵感受到了他恬然表面下的大悲大喜大惊大忧以及深深的遗恨深深的嗟叹时，他的精神生命才得以通过诗的意境在后世延伸。

第五章

田园足乐，成就文坛千古

陶渊明的作品现存诗120多首，辞赋3篇，散文8篇，而其诗成就最为突出。他开创了田园诗流派，对中国古典诗歌的发展贡献甚大。陶渊明作为人们心目中任真率性而旷群拔俗的文学高士，曾对中国文化和中国文学产生了深刻的影响。在推进玄言诗从敷陈庄玄名理到理思哲辨，向着诗人的审美对象和主体情感靠拢、渐浸，直至浑然融洽的纵深演进过程中，陶渊明表现出非凡的艺术创造性和廓大的开拓精神。

陶渊明青少年时期心怀远大，具有强烈的功名之心。然而，当他怀抱"大济与苍生"之志进入仕途时，所见的却是朝廷的黑暗腐败、官场的虚伪污浊，他始终处于"一心处两端"的矛盾心态：一边是济世之志无由施展的不甘心，一边是降身辱志"违己交病"的精神折磨。而每当仕途受挫之时，淳朴、自然的田园生活就来诱惑他。他在官场苦苦

挣扎了十三年，三仕三隐，最后终于看破红尘，为了"抱朴含真"，陶毅然归隐田园，与官场决裂。"诗言志""诗品即人品"这些理论在陶渊明身上得到了极好的体现。陶一生几次出仕，多年为官，对东晋末年动乱时代的战乱、篡权、阴谋、危机司空见惯，对官场的虚伪、欺诈、互相倾轧深恶痛绝。周旋于险恶的官场如履薄冰，使他心力交瘁。所以诗人一心要摆脱政治漩涡，过一种淳朴宁静、轻松愉快、无忧无虑、自由自在的生活。

《归去来兮辞》——鄙弃仕途、归隐田园的诗意自白

陶渊明生活的年代是中国历史上罕见的多事之秋，门阀势力强固，社会动荡，政治腐败，军阀连年混战。陶渊明生性酷爱自由，而当时官场风气又极为腐败，谄上骄下，胡作非为，廉耻扫地。一个正直的士人，在当时的政治社会中绝无立足之地，更谈不上实现理想抱负。陶渊明经过十三年的曲折，终于彻底认清了这一点，最后毅然辞彭泽令归田，作《归去来兮辞》。陶渊明品格与政治社会之间的根本对立，注定了他最终的抉择——归隐。

原文：

归去来兮，田园将芜胡不归？既自以心为形役，奚惆怅而独悲？悟已往之不谏，知来者之可追。实迷途其未远，觉今是而昨非。舟遥遥以轻飏，风飘

飘而吹衣。问征夫以前路，恨晨光之熹微。

乃瞻衡宇，载欣载奔。童仆欢迎，稚子候门。三径就荒，松菊犹存。携幼入室，有酒盈樽。引壶觞以自酌，眄庭柯以怡颜。倚南窗以寄傲，审容膝之易安。园日涉以成趣，门虽设而常关。策扶老以流憩，时矫首而遐观。云无心以出岫，鸟倦飞而知还。景翳翳以将入，抚孤松而盘桓。

归去来兮，请息交以绝游。世与我而相违，复驾言兮焉求？悦亲戚之情话，乐琴书以消忧。农人告余以春及，将有事于西畴。或命巾车，或棹孤舟。既窈窕以寻壑，亦崎岖而经丘。木欣欣以向荣，泉涓涓而始流。善万物之得时，感吾生之行休。

已矣乎！寓形宇内复几时，曷不委心任去留，胡为乎遑遑欲何之？富贵非吾愿，帝乡不可期。怀良辰以孤往，或植杖而耘耔。登东皋以舒啸，临清流而赋诗。聊乘化以归尽，乐夫天命复奚疑！

译文

回家去吧！田园快要荒芜了，为什么不回去呢？既然明知自己的心灵为形体所役使，为什么还要如此失意而独自伤悲？我悔悟过去的错误不可挽救，但坚信未来的岁月中可以补追。实际上我入迷途还不算远，已觉悟到回家为是而做官为非。

船在水上轻轻飘荡，微风吹拂着衣裳。向行人打听前面的路，只恨晨光朦胧天不亮。终于看到自己简陋的家门，我高兴地向前飞奔。家童欢快地迎

接，幼儿们守候在门庭。院里的小路长满了荒草，松和菊还是原样；带着幼儿们进了屋，美酒已经满觞。我端起酒壶酒杯自斟自饮，观赏着庭树使我开颜；倚着南窗寄托我的傲世之情，（更）觉得这狭小之地容易使我心安。小园的门经常地关闭着，每天（独自）在园中散步兴味无穷；挂着拐杖走走歇歇，时时抬头望着远方（的天空）。白云自然而然地从山穴里飘浮而出，倦飞的小鸟也知道飞回巢中；日光暗淡，即将落山，我流连不忍离去，手抚着孤松。

回来呀！我要跟世俗之人断绝交游。他们的一切都跟我的志趣不合，再驾车出去又有何求？（还唠唠叨叨图个啥？）跟乡里故人谈心何等可乐，弹琴读书来将愁颜破；农夫告诉我春天到了，将要去西边的田地耕作。有时驾着巾车，有时划着孤舟，既要探寻那幽深的沟壑，又要走过那高低不平的山丘。树木欣欣向荣，泉水缓缓流动，我羡慕万物各得其时，感叹自己一生行将告终。

算了吧！寄身世上还有多少时光，为什么不按照自己心意或去或留？为什么心神不定还想去什么地方？富贵不是我所求，升入仙界也没有希望。爱惜那良辰美景我独自去欣赏，要不就扶杖除草助苗长；登上东边山坡我放声长啸，傍着清清的溪流把诗歌吟唱；姑且顺应造化了结一生，以天命为乐，还有什么犹豫彷徨？

这篇文章的写作经过在序中已有说明："余家贫，耕植不足以自给。幼稚盈室，缾无储粟。生生所资，未见其术。亲故多劝余为长吏，脱然有怀，求之靡途。会有四方之事，诸侯以惠爱为德。家叔以余贫苦，遂见用于小邑。于时风波未静，心惮远役。彭泽去家百里，公田之利，足以为酒，故便求之。及少日，眷然有归欤之情。何则？质性自然，非矫厉所得；饥冻虽切，违已交病，尝从人事，皆口腹自役；于是怅然慷慨，深愧平生之志。犹望一稔，当敛裳宵逝。寻程氏妹卒于武昌，情在骏奔，自免去职。仲秋至冬，在官八十余日。因事顺心，命篇曰《归去来兮辞》。乙巳岁十一月也。"

在这节序言中，陶渊明坦率承认，他因为家里人口多、耕种不足以糊口养家，又没有别的途径可以谋取生活所需，在亲友劝说下就想谋个小官做做。

陶渊明在《归去来兮辞》中冷静分析了自己的人生历程与心路历程，认识到自己不适为官和不愿为官的本性，否决了寄予仕途的一切考虑与幻想，择定了故乡田园作他永远的安居之所与精神家园。

《归去来兮辞》是积半生之体会而发自内心的呼唤。"归去来兮，田园将芜胡不归？既自以心为形役，奚惆怅而独悲。悟以往之不谏，知来者之可追；实迷途其未远，觉今是而昨非。舟遥遥以轻飏，风飘飘而吹衣。问征夫以前路，恨晨光之熹微。"归来吧，田园都快要荒芜了，为什么还不回去？那才是自己的安身之所啊！既然已经认识到心灵成了形体的奴隶，何必还耽留不返、惆怅独悲。诗人悟到 13 年间几番入仕实在是误入歧途，今天的归返田园才是正确的选择。没有那样的经历也不会有此时的认识，现在返归还不算

晚，归舟轻快，归心似箭。诗人的心已经累了，只想赶快回到安宁的家园。

归心是很多人都有过的共同体验，尤其那些浪迹天涯的游子，以及那些奔走江湖、上下求索的文人志士。

人之一生从挣脱母腹、挣开母亲怀抱起，就在不断远离生之本源，去探寻、求索许多若隐若现、美丽迷离的东西，从孤独走向孤独，不论其间有多少欢乐、繁华，都将被时间流水洗去，只剩下心灵的孤独与归返家园、叶落归根的一念。陶渊明此时已经41岁，跋涉得够久了。他需要真正的彻底的安宁，而不再是那些奇丽而虚幻的信念与梦想。他的归田，不同于一般意义上的归隐。那种不食周粟、不仕新朝、不与浊世同流合污以及避祸患于乱世的归隐，而更是人到中年后的归根，是踏遍万水千山、饱经沧桑之后的归返精神家园。归隐之士总还怀有再出的念头，尤其如唐朝终南山之隐士，以隐博名，以隐求仕。归根却是回到母腹回到母怀，静待重归于尘土。

正因如此，陶渊明才卸去了所有负荷，心灵完全放松，神思飞向了家园。他畅想初归的情景："乃瞻衡宇，载欣载奔。童仆欢迎，稚子候门。三径就荒，松菊犹存。携幼入室，有酒盈樽。引壶觞以自酌，眄庭柯以怡颜。倚南窗以寄傲，审容膝之易安。园日涉以成趣，门虽设而常关。策扶老以流憩，时矫首而遐观。云无心以出岫，鸟倦飞而知还。景翳翳以将入，抚孤松以盘桓。"稚子欢天喜地相迎，将要荒芜的家园因主人的归来而顿显生机。诗人自斟自饮，打量着久别的庭院，无限开心。住室虽窄，也可安居，只要知足，就能常乐。没有交游，每天独自在园中走走，自有趣在其中。拄着拐杖走走停停，悠闲自在，有时抬头看天，云朵无忧无虑地从山峦间飘起，鸟儿疲倦后飞回家园。诗人也倦了，如今终得安宁，像闲云一样自然舒卷，真是松快无比。

赋之第三节继续畅想今后的田园生活："归去来兮，请息交以绝游。世与我而相违，复驾言兮焉求？"陶渊明的心性与世俗格格不入，但这里他更认为是世道违背他的愿望。归因虽然不同，但息交官场的一切交游，重驾牛车下田耕作的决心同样是下定了。"悦亲戚之情话，乐琴书以消忧。"在与亲友的闲谈中感到温情的宽慰，在调琴观书中忘却心中的忧愁。除此以外还有农事、出游以为寄托："农民告余以春及，将有事于西畴。或命巾车，或棹孤舟；既窈窕以寻壑，亦崎岖而经丘。"或忙于农事、或忘情山水，好一派逍遥自适的隐者情怀。"木欣欣以向荣，泉涓涓而始流。善万物之得时，感吾生之行休！"树木逢春欣欣向荣，泉水涓涓长流不息，万物得时生机蓬勃，陶渊明却将老死，他无限感慨，而尤为珍惜这眼前的风物、这有限的人生，并从中悟到永恒的哲理，将主体精神融入生生不息的大自然中，达到忘我的境界。唐朝刘禹锡《酬乐天扬州初逢席上见赠》中"沉舟侧畔千帆过，病树前头万木春"两句，得陶渊明赋中这四句的真意，既为自己身同沉舟病树、垂垂将老而悲，更为自然万物的永远欣欣向荣而喜，只有融我于自然，精神才能超脱肉体的约束，摆脱物质的羁缚，而在天地间获得永生。到了这番境界，"吾生将休"又何足道哉？

陶渊明的心境在体验田园山水，感悟自然物理的过程中得以升华，弃绝尘世的意志也摆脱了最后一丝疑虑而进入了审美的境界："已矣乎，寓形宇内复几时！曷不委心任去留，

胡为乎遑遑欲何之？富贵非吾愿，帝乡不可期。怀良辰以孤往，或植杖而耘耔。登东皋以舒啸，临清流而赋诗。聊乘化以归尽，乐夫天命复奚疑。"成败与生死是困扰人类心灵的两大难题，尤其生死之忧一般人难以化解。陶渊明退隐归来，已经不计成败，如今忘情自然，又不在乎生死，所以才能无忧无虑，自由自在，或趁良辰独游，或于农时劳作，或登高冈纵情呼啸，或临清流慢声吟诗。乐天知命，陶渊明不再有一丝疑虑，顺其自然，就这样走向生命的尽头。

陶渊明的忘成败、忘生死是基于对生命本质和人生真谛的感悟，并非是屡遭挫折后的消极沮丧、悲观厌世。他是在认同天命，也就是人生的某种必然的前提下，不再有幻想，不再有大喜大悲大惊大忧，而从平凡的田园生活中，从农事、琴书、出游中一点点体验人生的乐趣。他是现实而有寄托的，不是在幻想失落之后倍觉空虚。平平淡淡，从从容容，但绝不是万念俱灰、心神已灭。看透一切，而后找到自己的位置，求得心与物的和谐，在丰富的体验中融我于物，做到物我两忘，这才是真正的隐者。不同的人、不同的人生阶段、不同的处境中应当有不同的思想和不同的作为。

《归去来兮辞》既是陶渊明终生不仕的宣言，也是他创作的又一高峰。这篇赋融叙事、摹景、抒情、悟理于一体，给人多层次的美的享受。他笔下的景物，菊花、孤松、无心出岫的云、倦飞知还的鸟，无不赋予了个人的品格与情操，成为富有灵气和人格的生动形象。该赋文字流畅优美、句式变换自然、音节和谐、感情真挚，是历代赋中不可多得的佳篇。北宋欧阳修说："晋无文章，惟陶渊明《归去来兮辞》一篇而已。"此誉当不为过。

人生逢极大转折，易生深思动至情，悟妙理出奇文。《归去来兮辞》产生于陶渊明两种人生的交接点，是陶渊明前半生全部情感体验和思想认识在内心激烈交锋而终于悟彻、风平浪静之际的产物。它标志陶渊明的创作进入了一个新的境界。

欧阳修对这篇文章推崇备至，尝言："两晋无文章，幸独有《归去来辞》一篇耳，然其词义夷旷萧散，虽讬楚声，而无其尤怨切蹙之病。"大意是，本文虽然采用了楚辞的体式，但作者能自出机杼，不受楚辞中怨愤、悲伤情调的影响，而表现出一种淡远潇洒的风格。例如，作者辞官是因为鄙弃官场的黑暗，但文中并无只言片语涉及官场中的黑暗情形，而只说自己"惆怅而独悲"的心情；对已往的居官求禄，也只说"不谏"和"昨非"，不作更深的追究；他决定今后不再跟达官贵人来往，也仅用"息交以绝游"一语轻轻带过，胸怀何等洒脱，是见役于物的人做不到的。又如文中写田园生活的乐趣，看起来都是一些极为平常的细节，但又处处显示出作者"旷而且真"的感情，句句如从肝肺中流出，而不见斧凿之痕。这种淡远潇洒的文风，与作者安贫乐道、超然物外的处世态度是完全一致的。

❧《归园田居》——恬淡圣洁心灵的折光

归田初期的生活，还是较为轻松闲散的。这也是诗人聊为弦歌、苦心安排的结果。家里有童仆、有儿子，他只需偶尔过问一下农事，更多时间消遣于读书、闲聊及游山逛水中。这种悠闲自得的生活以及他此时期的感受，在他的《归

园田居》五首中反映得很清楚。

晋安帝义熙二年（406 年），亦即渊明辞去彭泽令后的次年，诗人写下了《归园田居》五首著名诗篇，这是诗人辞旧我的别词，迎新我的颂歌。它所反映的深刻思想变化，它所表现的精湛圆熟的艺术技巧，不仅为历来研究陶渊明的学者所重视，也使广大陶诗爱好者为之倾倒。

《归园田居》一共五首，诗歌描写了诗人重归田园时的新鲜感受和由衷喜悦。在诗人的笔下，田园是与浊流纵横的官场相对立的理想洞天，寻常的农家景象无不现出迷人的诗情画意。诗人在用白描的手法描绘田园风光的同时，也巧妙地在其间融入自己的生活理想、人格情操。

其一

少无适俗韵，性本爱丘山。

误落尘网中，一去三十年。

羁鸟恋旧林，池鱼思故渊。

开荒南野际，守拙归园田。

方宅十余亩，草屋八九间。

榆柳荫后檐，桃李罗堂前。

暧暧远人村，依依墟里烟。

狗吠深巷中，鸡鸣桑树颠。

户庭无尘杂，虚室有余闲。

久在樊笼里，复得返自然。

译文

少年时就没有迎合世俗的本性，天性原本热爱山川田园生活。

错误地陷落在官场的罗网中，一去十三个年头。

关在笼中的鸟儿依恋居住过的树林，养在池中的鱼儿思念生活过的深潭。

到南边的原野里去开荒，固守愚拙，回乡过田园生活。

住宅四周有十多亩地，茅草房子有八九间。

榆树、柳树遮掩着后檐，桃树、李树罗列在堂前。

远远的住人村落依稀可见，村落上的炊烟随风轻柔地飘升。

狗在深巷里叫，鸡在桑树顶鸣。

门庭里没有世俗琐杂的事情烦扰，空房中有的是空闲的时间。

其二

> 野外罕人事，穷巷寡轮鞅。
> 白日掩荆扉，对酒绝尘想。
> 时复虚里人，披草共来往。
> 相见无杂言，但道桑麻长。
> 桑麻日以长，我土日已广。
> 常恐霜霰至，零落同草莽。

译文

> 乡居少与世俗交游，僻巷少有车马来往。
> 白天依旧柴门紧闭，心地纯净断绝俗想。
> 经常涉足偏僻村落，拨开草丛相互来往。
> 相见不谈世俗之事，只说田园桑麻生长。
> 我田桑麻日渐长高，我垦土地日渐增广。
> 经常担心霜雪突降，庄稼凋零如同草莽。

其三

种豆南山下，草盛豆苗稀。

晨兴理荒秽，带月荷锄归。

道狭草木长，夕露沾我衣。

衣沾不足惜，但使愿无违。

译文

南山下有我种的豆地，杂草丛生而豆苗却稀少。

早晨起来到地里清除杂草，傍晚顶着月色扛着锄头回家。

道路狭窄草木丛生，夕阳的露水沾湿了我的衣服。

衣服沾湿了并没有什么值得可惜的，只要不违背自己的意愿就行了。

其四

久去山泽游，浪莽林野娱。

试携子侄辈，披榛步荒墟。

徘徊丘陇间，依依昔人居。

井灶有遗处，桑竹残朽株。

借问采薪者，此人皆焉如。

薪者向我言，死没无复余。

一世弃朝市，此语真不虚。

人生似幻化，终当归空无。

译文

离别山川湖泽已久，纵情山林荒野心舒。

姑且带着子侄晚辈，拨开树丛漫步荒墟。

游荡徘徊坟墓之间，依稀可辨前人旧居。

水井炉灶尚有遗迹，桑竹残存枯干朽株。

上前打听砍柴之人："往日居民迁往何处？"
砍柴之人对我言道："皆已故去并无存余。"
"三十年朝市变面貌"，此语当真一点不虚。
人生好似虚幻变化，最终难免泯灭空无。

其五

怅恨独策还，崎岖历榛曲。
山涧清且浅，遇以濯吾足。
漉我新熟酒，双鸡招近局。
日入室中暗，荆薪代明烛。
欢来苦夕短，已复至天旭。

译文

独自怅然拄杖还家，道路不平荆榛遍地。
山涧流水清澈见底，途中歇息把足来洗。
滤好家中新酿美酒，烹鸡一只款待邻里。
太阳落山室内昏暗，点燃荆柴把烛代替。
兴致正高怨恨夜短，东方渐白又露晨曦。

如果说《归园田居》之一生动地勾勒出了一幅农村图景的话，那么，《归园田居》之二则真切地反映了诗人作为一个农民所有的交往与话题。"野外罕人事，穷巷寡轮鞅，白日掩荆扉，对酒绝尘想。时复墟里人，披草共来往，相见无杂言，但道桑麻长。桑麻日已长，我土日已广，常恐霜霰至，零落同草莽。"诗人平素不与农民往来，只在田头地里相遇时，拨开草丛走到一块儿，谈谈农事。"时复墟里人，披草共往来"两句，仿佛让我们看到诗人怎样穿过山间荒径；"相见无杂言，但道桑麻长"两句又仿佛让我们听到诗

人如何在与农人议论庄稼长势，预计收成状况。诗人此时的心愿已与农人一致了，他同农民一样为桑麻日长、开荒垦出的地日广而喜，又与农民一样为突降的霜雪可能毁坏庄稼而忧。正因诗人已经在某种程度上成了一个地地道道的农民，与农民同甘苦共喜忧，所以才能将农村的生活、农民的心态描写得如此活灵活现，使今人宛见其景，若逢其人，似闻其声。《归园田居》之三用白描手法记载了诗人一天劳作的情形。"种豆南山下，草盛豆苗稀。晨兴理荒秽，带月荷锄归。道狭草木长，夕露沾我衣。衣沾不足惜，但使愿无违！"这首诗初看平淡似水，用词浅白，短短八句，说家常似的叙述到南山锄草的目的或原因——"种豆南山下，草盛豆苗稀"；和过程——清晨即去锄草，到月亮上来才荷锄返归，又信手拈来两句——道路狭窄，草木丛生，露水沾湿衣襟，写出归路上的情景，最后自然而然地引出感受——衣襟沾湿没关系，只要收成的心愿能够得遂。每个浅白的字眼都那么富有表现力，每一句平常的话都是一幅活生生的图景。五言八句构织出如此淡泊而悠远、简朴而醇厚的意境。当读者的目光随着诗人的笔调流动时，诗人便映着月光从一千五百年前向今天走来了，那么悠闲，那么自足，又淡淡地散发出一丝忧郁、一丝怅惘。

有些论者认为"但使愿无违"是指隐居之愿无违，这是不符作者当时情景的，是牵强附会的推测。破坏了这首诗浑然着意生活本身、淡然不拘于心的浑然意境。

《归园田居》之四记载了一次携子侄出游之所见所感。"久去山泽游，浪莽林野娱。"诗人多年来离开山泽外出做官，如今可以在林野间纵情漫游了。此二句写他出游的心情。对照《归园田居》之一"羁鸟恋旧林"、"浪莽林野娱"句极写出羁鸟归旧林的轻松与欢畅。"试携子侄辈，披榛步荒墟。徘徊丘陇间，依依昔人居。井灶有遗处，桑竹残朽株。借问采薪者，此人皆焉如？薪者向我言，死没无复余。"诗人踏上一片过去村落的遗址，砍柴人告诉他这里的人都死了。对着一片废墟和坟墓，诗人又思考起生与死这个无所谓因果，找不到答案的题目，感慨人生变幻无常、生死不定。"一世异朝市、此语真不虚？"生前忙忙碌碌，苦苦求索，死后又能留下什么呢？"人生似幻化，终当归空无。"这种人生如梦的虚无观，虽然悲观消沉了些，但它是诗人在尝试过、努力过之后的真实感受，他再也不能有所作为，只能听任自然、等闲生死。可以指责朝阳初起的青少年悲观消沉，不可以强求历尽风霜的中年老人还那么豪情满怀。况且这里诗人并非在鼓吹虚无空幻的人生观，而是在慨叹自己一事无成，在这世间留不下什么有光彩的东西，将来也不过埋没于一片荒丘，同时，三十年而朝市异，世事变化如此之快，诗人也在探寻追索一些不变的东西，能使生命永恒的东西。

《归园田居》之五写诗人劳作一天归来后的生活情景。"怅恨独策还，崎岖历榛曲。""怅恨"估计是因庄稼长势不好，更兼劳累，心情因此不好，由此对自己沦为农人也不免有怨天尤人之想。"山涧清且浅，遇以濯吾足。"在山泉中洗洗脚，也可以洗去心中烦闷。此句既淡且雅，淡者，农人收工回来，遇水洗洗足，这是多么平常的事；雅者，是承屈原"沧浪之水清兮，可以濯我缨；沧浪之水浊兮，可以濯我足"之意。诗人于不经意间，既写出了情状，又写出了心境。笔调而后渐转欢愉："漉我新熟酒，只鸡招近局。日入室中暗，

荆薪代明烛。欢来苦夕短，已复至天旭。"何以解忧？唯有杜康！与人同乐，其乐无穷。燃薪代烛，欢夕达旦。固然自在，固然自足，但诗人这种着意追求的尽欢，这种借以消忧解愁的放浪，也是怅恨的一种变形宣泄。

《归园田居》五首，既较为全面地反映了诗人归田之初的各项生活内容、生活情形，也写出了他情绪由欢快转为平静、并淡淡生出一丝怅惘的过程。总体上来说，诗人的心情还是恬静的，欢愉或怅惘都只是暂时的波动。从同期所作《旧鸟》一诗来看，"岂是天路，欣及旧栖"，作者已经绝了飞黄腾达之念，"游不旷林，宿则森标"，他已不敢再作离开丛林的设想，只愿从此安居在田园。

《桃花源记》——一曲古老的 "乌托邦" 恋歌

公元 420 年，刘裕废晋恭帝为零陵王，改年号为"永初"。次年，刘裕采取阴谋手段，用毒酒杀害晋恭帝。这些不能不激起陶渊明思想的波澜。陶渊明生活的年代虽然崇尚老庄，但是外祖父家藏书甚丰，所以陶渊明接触的知识较为广泛，除了大众的，像六经、孔孟、奇文异志之类也都有所涉猎。这时候的陶渊明已是 57 岁，虽然步入老年但思想还是极为活跃可爱的，他从固有的儒家观念出发，产生了对刘裕政权的不满，加深了对现实社会的憎恨。他知道无力改变当朝的黑暗统治，既然改变不了那就离那些污浊远远的。回乡种田是离政治最远的一条生活途径，而通过对理想生活的描述来表达自己的心情既是对腐朽黑暗的有力回击也是寄托自己政治理想与美好情趣的一种方式，《桃花源记》就是在这样的背景下产生的。这也就是陶渊明一生所怀有的"心远地自偏"，但"猛志固常在"。

原文

晋太元中，武陵人捕鱼为业。缘溪行，忘路之远近。忽逢桃花林，夹岸数百步，中无杂树，芳草鲜美，落英缤纷。渔人甚异之。复前行，欲穷其林。

林尽水源，便得一山，山有小口，仿佛若有光。便舍船，从口入。初极狭，才通人。复行数十步，豁然开朗。土地平旷，屋舍俨然，有良田美池桑竹之属。阡陌交通，鸡犬相闻。其中往来种作，男女衣着，悉如外人。黄发垂髫，并怡然自乐。

见渔人，乃大惊，问所从来。具答之。便要还家，设酒杀鸡作食。村中闻有此人，咸来问讯。自云先世避秦时乱，率妻子邑人，来此绝境，不复出焉，遂与外人间隔。问今是何世，乃不知有汉，无论魏晋。此人一一为具言所闻，皆叹惋。余人各复延至其家，皆出酒食。停数日，辞去，此中人语云："不足为外人道也。"

既出，得其船，便扶向路，处处志之。及郡下，诣太守，说如此。太守即遣人随其往，寻向所志，遂迷，不复得路。

南阳刘子骥，高尚士也，闻之，欣然规往，未果，寻病终。后遂无问津者。

译文：

晋朝太元年间，武陵郡有一个以捕鱼为生的人。有一天他沿着小溪划行，不知不觉中忘记走了多远。忽然遇到一大片桃花林，两岸几百步以内，中间没有别的树。花草鲜艳美

丽，坠落的花瓣飘洒凌乱。渔人对此感到非常惊讶，于是继续向前划行，想要走到桃花林的尽头。

桃花林在溪水发源的地方就没有了，映入眼帘的是一座山。山上有一个小洞口，隐隐约约有一丝光亮传来。于是渔人离开小船，从洞口进入。开始的时候，洞口很狭窄，仅能容一个人通过。又向前走了几十步，眼前一下子开阔明亮起来。呈现在眼前的是平坦空旷的土地，整整齐齐的房屋，有肥沃的田地、美丽的池塘和桑树竹林这类的景物。田间小路交错相通，村落间互相都能听见鸡鸣狗叫的声音。在这里人们来来往往耕种劳作，男女的穿戴，全都跟桃源外面的人一样。老人和小孩，都悠闲愉快，自得其乐。

桃花源里面的人见了渔人，竟感到非常吃惊，问渔人从哪里来，渔人都详尽地回答了他们所提出的问题。交谈完之后他们就邀请渔人到自己家里做客，摆酒杀鸡做丰盛的饭菜来款待他。村里的人听说来了这样一个人，都跑来询问打听消息，他们自己说他们的祖先为了躲避秦时的战乱，带领妻子和儿女及乡人来到这与世隔绝的地方，从此没有出去过，渐渐地就与外面的人断绝了往来。他们问现在是什么朝代，竟然不知道汉朝，更不必说魏朝和晋朝了。渔人把自己知道的事一件一件详细地告诉了他们，他们听了都感叹、惋惜。那里的人都分别邀请渔人到自己家中坐坐，拿出美酒和食物来款待他。渔人在这儿待了几天，就起身告辞了。临行前，桃花源里的人对他说："这里的事不值得对外面的人说。"

渔人走出桃花源后，找到船，就沿着来时的路往回走，一边走一边到处做标记。到了武陵郡，立马跑到太守那里，说了在桃花源的奇遇。太守立即派人跟随他前往，寻找先前所做的标记，居然迷失了方向，再也没找到通往桃花源的路。

南阳的刘子骥，是一个品德高尚的隐士。听说了这件事，高兴地计划着要去探访。没有实现，不久就病死了。此后就再也没有探访桃花源的人了。

这篇文章写于作者的晚年时期，即辞官归隐后的数十个年头。写这篇文章时他已经是个十足的乡下老人，虽然早已习惯了农耕生活，但他生活的全部重心不仅仅是眼前，他对于朝代的变化、政权的更迭以及世道的状况还是十分关注的，再怎么说也与他的生活有关系，世道不好，估计他辛辛苦苦种的粮食都充公交税了，他的田园生活还不是桃源生活，对政策的关注也是理所当然的。

陶渊明虚构了一个渔人偶入桃花源的故事，借以描绘了一个没有剥削、没有压迫、人人劳动、自由安乐的世外桃源的生活图景，寄托了他的社会理想，也反映了广大人民要求摆脱残酷剥削和贫困境遇的意愿。这样的理想国在剥削阶级统治的社会里固然仅是一个乌托邦，但它像一面镜子，照出了现实的丑恶和黑暗，表现了作者对现实的批判态度；又像一座灯塔，激励人们对美好社会的向往和追求。"桃花源"的艺术创造以其民主性的光辉照彻中古时代，并成为后代作家的传统题材，表现出经久不衰的艺术魅力。

文章以渔人行踪为序展开记叙，从他逢桃花林并入桃花源写起，以他出桃花源、再寻未果而告终。开头结尾略写，因为这些只作为引起和余韵，中间渔人在桃花源里的所见所闻是主体，就写得很详尽。有渔人眼中看到的桃花源的风貌，他与桃花源中人的对话，桃花源中人对他们款待，他们

的来历和生活情景，思想感情等等，这样写，中心突出，层次分明，结构完整，详略得宜。《桃花源记》总的构思带有浪漫主义色彩，这表现在故事是虚构的，桃源境界也是想象中的产物，人间并不存在等方面。但它的细节描绘又是现实主义的，不论是山外夹岸数百步的桃花林，"才通人"的入山小口，还是桃花源里的良田美池桑竹之属，现实生活中都不难找到，这就给人以亲切逼真之感，相信这是人间乐土，而不是神仙境界，宁愿信其有，不肯信其无。特别是借助于当时的真实人物——南阳刘子骥的规往，更增添其真实感，使读者也为之神往。归根结底，世外桃源的生活理想是植根现实的沃土之中的。但渔人重寻又迷了路，"后遂无问津者"，又带有神秘色彩。又实又虚，似真似幻，表明桃源虽好，但只是幻想而已。

《五柳先生传》——陶渊明的自画像

陶渊明写此篇时已是晚年，生活相当困苦窘迫，但作者丝毫不后悔自己选择的归隐生活，而是以古贤者颜回自况，表达了自己安贫乐道的情怀。

陶渊明历来都被称为"田园诗人"，因为他的很多杰出诗篇都是归隐田园以后所作。他赞美劳动的生活与大自然的优美闲静，幻想出现没有贫困与压榨的理想社会。语言朴素、自然、优美，一反六朝时代追求华丽堆砌的文风，无论在思想性、艺术性上都对后代文学有很大影响。他的散文也有很高成就，《五柳先生传》是他托名五柳先生而作的一篇自传。萧统在《陶渊明传》中说："尝著《五柳先生传》以自况……时人谓之实录。"五柳先生的形象，正是陶渊明的自画像。《五柳先生传》是我国文学史上第一篇文学传记，开创了文学传记体。

原文：

先生不知何许人也，亦不详其姓字，宅边有五柳树，因以为号焉。闲静少言，不慕荣利。好读书，不求甚解，每有会意，便欣然忘食。性嗜酒。家贫不能常得。亲旧知其如此，或置酒招之。造饮辄尽，期在必醉；既醉而退，曾不吝情去留。环堵萧然，不蔽风日，短褐穿结，箪瓢屡空，晏如也。常著文章自娱，颇示己志，忘怀得失，以此自终。赞曰：黔娄之妻有言："不戚戚于贫贱，不汲汲于富贵。"其言兹若人之俦乎？衔觞赋诗，以乐其志，无怀氏之民欤？葛天氏之民欤？

译文：

五柳先生不知道是什么地方的人，也不清楚他的姓名和表字。因为住宅旁边有五棵柳树，就用它做了自己的号。他安安静静的，很少说话，不羡慕荣华利禄。喜欢读书，不过分在字句上下工夫，每当对书中意旨有所领会的时候，就高兴得连饭也忘了吃。他有嗜酒的天性，家里穷，经常没有酒喝。亲戚朋友知道他这种情况，有时摆了酒叫他来喝。他一来就要喝得尽兴，希望一定喝醉。喝醉了就回家去，并不装模作样，说走就走。简陋的居室里冷冷清清，遮不住风和阳光。粗布短衣上面打了许多补丁，饭篮子和瓢里经常是空的，可是他安之若素。经常写文章来消遣时光，从文中也稍微透露出自己的志趣。他从不把得失放在心上，这样过完自己的一生。

赞曰：黔娄的妻子曾经说过："不为贫贱而忧心忡忡，不热衷于发财做官。"从这话看来，他该是五柳先生一类人吧？一边喝酒一边吟诗，为自己抱定的志向而感到无比快乐。他大概是无怀氏时候的百姓，或者是葛天氏治下的百姓吧？

"先生不知何许人也"，文章开头第一句，即把这位先生排除在名门望族之外，不仅不知他的出身和籍贯，"亦不详其姓字"，他是一位隐姓埋名的人。晋代是很讲究门第的，而他竟与这种风气背道而驰，这就暗示他是一位隐士。"宅边有五柳树，因以为号焉"，就这样随便地取了一个字号。他不仅隐姓埋名，而且根本就不重视姓字，用庄子的话说，"名者，实之宾也"，本就无关紧要。但为什么看中五柳树呢？也许他宅边并无桃李，只有这么几棵柳树，这与后面所写"环堵萧然"是一致的。他的房屋简陋，生活贫穷，这五柳树带一点清静、淡雅、简朴的色彩。以五柳为号也就显示了他的志趣。

对他的名字作了介绍之后，接着写他的生活、性格。"闲静少言，不慕荣利"，这是他最突出的地方。闲静少言是他的外在表现，不慕荣利，才是他的真实面貌。因为不追求荣利，他就无须奔忙，不用烦躁，自然也就闲，也就静，用不着喋喋不休。但这种闲静少言，并不等于他没有志趣。他有三大志趣，一是读书，一是饮酒，一是写文章，可见他的志趣是很高雅的。他虽然隐姓埋名，但与道家说的"形同槁木，心如死灰"并不一样。不过，他"好读书，不求甚解"，为什么不求甚解？这就与他的"不慕荣利"有关。他读书的目的，是一种求知的满足，精神享受，所以"每有会意，便欣然忘食"。他并不想"学成文武艺，货与帝王家"，他既不追求名，也不追求利，只求精神上得到安慰。他有什么"会意"呢？没写。我们从陶渊明所写的《读山海经》《咏荆轲》等诗作中可以想见。他从书中得到哲理，得到启示，对当时的混乱、丑恶的现实有了更清醒的认识，对人生有了更透彻的了解。但只能"会意"，不能言传，因而"闲静少言"，只是不说，不是不知。这使我们隐隐地感到五柳先生是一位有知识的人，也隐隐地感到那个社会对他的限制和迫害。

第二个志趣——饮酒。五柳先生"闲静少言"，但读书时"每有会意，便欣然忘食"，这说明他内心并非一潭死水，而是有波澜的。内心的波澜没有表现出来，却找到了一个使波澜平静的方法，这就是嗜酒。"嗜"字说明不是一般的小饮，而是"期在必醉"。尽管"家贫"，也没有改变这一嗜好，就因为在醉乡中可以使心灵的波澜得到平静。这是他在那种环境里使自己得到解脱的一种方法。

第三个志趣——著文章。他著文章的目的是"自娱"，不是要给别人看，更不是要献给统治者，去求官得禄。这一点也说明了他内心的确有"会意"，有话要说的，只是不愿对别人说，写文章给自己看。"闲静少言"而又"常著文章自娱"，就是这种心情的反映。他实际上是有痛苦的，但能从读书、饮酒、写文章当中得到解脱。

对五柳先生的生活、志趣作了叙述以后，文章结尾也仿史家笔法，加个赞语。这个赞语的实质就是黔娄之妻的两句话："不戚戚于贫贱，不汲汲于富贵。"这两句话正好与前面写到的"不慕荣利"相照应，这是五柳先生最大的特点和优

点。作者正是通过五柳先生"颇示己志"，表达自己的思想感情。

文章最后有两句设问的话："无怀氏之民欤？葛天氏之民欤？"表明作者也很欣赏道家所鼓吹的无为而治的古代社会，但全文主要精神仍然是儒家的"独善其身"。全文不足两百字，语言洗练，于平淡之中表现深刻的内容，这就是陶渊明诗文的一大特色。

《饮酒》二十首——悠然酒中趣，邈远世外情

《饮酒》诗写于晋安帝义熙十三年（417年），作者53岁。这时陶渊明已归田十二年了。刘裕此时权势日益巩固，代晋形势渐近成熟，这正是晋宋易代的前夕，最高统治集团正进行着激烈的权力之争，文人们在新的形势下，大都依附新贵，表现出"无行"的品德。陶渊明不仅对东晋政治不满，对刘裕将要代晋也更不理解，这就使他感慨极多，而这些感慨就在《饮酒》诗中抒写出来。

饮酒二十首

余闲居寡欢，兼比夜已长，偶有名酒，无夕不饮。顾影独尽，忽焉复醉。既醉之后，辄题数句自娱。纸墨遂多，辞无诠次。聊命故人书之，以为欢笑尔。

其一

衰荣无定在，彼此更共之。
邵生瓜田中，宁似东陵时！
寒暑有代谢，人道每如兹。
达人解其会，逝将不复疑；
忽与一樽酒，日夕欢相持。

其二

积善云有报，夷叔在西山。
善恶苟不应，何事空立言！
九十行带索，饥寒况当年。
不赖固穷节，百世当谁传。

其三

道丧向千载，人人惜其情。
有酒不肯饮，但顾世间名。
所以贵我身，岂不在一生？
一生复能几，倏如流电惊。
鼎鼎百年内，持此欲何成！

其四

栖栖失群鸟，日暮犹独飞。
徘徊无定止，夜夜声转悲。
厉响思清远，去来何依依。
因值孤生松，敛翮遥来归。
劲风无荣木，此荫独不衰。

托身已得所，千载不相违。

其五

结庐在人境，而无车马喧。
问君何能尔？心远地自偏。
采菊东篱下，悠然见南山。
山气日夕佳，飞鸟相与还。
此中有真意，欲辩已忘言。

其六

行止千万端，谁知非与是。
是非苟相形，雷同共誉毁。
三季多此事，达士似不尔。
咄咄俗中愚，且当从黄绮。

其七

秋菊有佳色，裛露掇其英。
泛此忘忧物，远我遗世情。
一觞虽独进，杯尽壶自倾。
日入群动息，归鸟趋林鸣。
啸傲东轩下，聊复得此生。

其八

青松在东园，众草没其姿，
凝霜殄异类，卓然见高枝。
连林人不觉，独树众乃奇。

提壶抚寒柯，远望时复为。
吾生梦幻间，何事绁尘羁。

其九

清晨闻叩门，倒裳往自开。
问子为谁与？田父有好怀。
壶浆远见候，疑我与时乖。
褴缕茅檐下，未足为高栖。
一世皆尚同，愿君汩其泥。
深感父老言，禀气寡所谐。
纡辔诚可学，违己讵非迷。
且共欢此饮，吾驾不可回。

其十

在昔曾远游，直至东海隅。
道路迥且长，风波阻中途。
此行谁使然？似为饥所驱。
倾身营一饱，少许便有余。
恐此非名计，息驾归闲居。

十一

颜生称为仁，荣公言有道。
屡空不获年，长饥至于老，
虽留身后名，一生亦枯槁，
死去何所知，称心固为好，
客养千金躯，临化消其宝，

裸葬何必恶，人当解意表。

十二

长公曾一仕，壮节忽失时；
杜门不复出，终身与世辞。
仲理归大泽，高风始在兹。
一往便当已，何为复狐疑！
去去当奚道，世俗久相欺。
摆落悠悠谈，请从余所之。

十三

有客常同止，取舍邈异境。
一士常独醉，一夫终年醒，
醒醉还相笑，发言各不领。
规规一何愚，兀傲差若颖。
寄言酣中客，日没烛当秉。

十四

故人赏我趣，挈壶相与至。
班荆坐松下，数斟已复醉，
父老杂乱言，觞酌失行次，
不觉知有我，安知物为贵，
悠悠迷所留，酒中有深味。

十五

贫居乏人工，灌木荒余宅。

班班有翔鸟，寂寂无行迹。
宇宙一何悠，人生少至百。
岁月相催逼，鬓边早已白。
若不委穷达，素抱深可惜。

十六

少年罕人事，游好在六经。
行行向不惑，淹留遂无成。
竟抱固穷节，饥寒饱所更。
敝庐交悲风，荒草没前庭。
披褐守长夜，晨鸡不肯鸣。
孟公不在兹，终以翳吾情。

十七

幽兰生前庭，含薰待清风。
清风脱然至，见别萧艾中。
行行失故路，任道或能通。
觉悟当念迁，鸟尽废良弓。

十八

子云性嗜酒，家贫无由得，
时赖好事人，载醪祛所惑。
觞来为之尽，是谘无不塞。
有时不肯言，岂不在伐国。
仁者用其心，何尝失显默。

十九

畴昔苦长饥，投耒去学仕。
将养不得节，冻馁固缠己。
是时向立年，志意多所耻。
遂尽介然分，拂衣归田里，
冉冉星气流，亭亭复一纪。
世路廓悠悠，杨朱所以止。
虽无挥金事，浊酒聊可恃。

二十

羲农去我久，举世少复真。
汲汲鲁中叟，弥缝使其淳。
凤鸟虽不至，礼乐暂得新，
洙泗辍微响，漂流逮狂秦。
诗书复何罪？一朝成灰尘。
区区诸老翁，为事诚殷勤。
如何绝世下，六籍无一亲。
终日驰车走，不见所问津。
若复不快饮，空负头上巾。
但恨多谬误，君当恕醉人。

　　《饮酒》诗反映陶渊明慷慨最深的是易代。在二十首诗的第一首，便写了这个内容："衰荣无定在，彼此更共之。……寒暑有代谢，人道每如兹。"从诗的表面看好像作者懂得了事物的"衰荣""代谢"乃其规律，没有什么可奇怪的，但其内心却对此无限感慨，故其诗的重点乃放在"衰"与"谢"上面。清代东方树已看出这一点，他指出

"以衰为主，以荣在《饮酒》诗中，使诗人感慨与激愤的还有社会黑暗和世俗败坏。"如第二首，作者怨恨社会的善无善报，恶无恶报："积善云有报，夷叔在西山；善恶苟不应，何书空立言。"第三首则愤怒地指出："道丧向千载，人人惜其情。"

涉及社会昏暗的诗，占二十首《饮酒》诗的三分之二以上的篇幅。至于慨叹世俗败坏和"文人无行"的也有多处。如第六首的"雷同共誉毁"和第八首的"众草没其姿"等等。

在《饮酒》诗中，陶渊明表现了自己的耿介拔俗、守正不阿的节操。如第九首中"田父"劝他"一世皆尚同，愿君汩其泥"，实际上是要他与黑暗的社会制度妥协。对此他却说："纡辔诚可学，违己讵非迷"，婉言谢绝了。诗人针对当时的世俗，激愤地指出"去去当奚道，世俗久相欺"（《饮酒》第十二首）。

一方面不想苟活于当世，一方面则以清高而自许，这是《饮酒》诗中反映出的又一重要内容。如第八首，诗的结尾"吾生梦幻间，何事绁尘羁"两句，从表面上看好像消极，实际上诗人是说人生如梦幻之中，何必把自己束缚在尘网之中呢？这里的重点是要摆脱世俗尘网，表现了对现实政治的蔑弃态度。在全诗中，尤其"青松在东园，众草没有姿。凝霜殄异类，卓然见高枝"几句，作者把自己比喻成青松，在寒冷的季节里，许多野草均被冻死了，而它却昂然挺立。此种思想品质是极为可贵的，它正是《饮酒》这一组诗精华之所在。

另外，表现诗人上述思想情感的还有《饮酒》第十七

首，在这里诗人又把自己比作馨香的幽兰，她与随波逐流的"萧艾"是迥然不同的。还有第十六首，陶渊明说："竟抱固穷节，饥寒饱所更。"这里诗人坚定地表示为了抱着"君子固穷"的节操，即便在生活中遭受多少饥寒之苦，也在所不辞。从上述的诗中，我们想起了伟大诗人屈原，他在黑暗政治面前，不妥协，不与之同流合污，宁可被孤立，也要保持自己高尚的品德。陶渊明虽然与屈原所处的时代不同，地位也不同，但他在黑暗政治中，要保持自己高洁的品德，这还是难能可贵的。

在陶渊明看来，要做到不同流合污，并保持自己高洁的人格，就必须坚持其归隐道路，这是《饮酒》诗的又一主要内容。如第六首："咄咄俗中愚，且当从黄绮"；第十首："恐此非名计，息驾归闲居"；第十二首"摆落悠悠谈，请从余所之"；第十五首"若不委穷达，素抱深可惜"；等等。尤其是第九首，诗人用与田父问答的形式，表现出归隐决心的不可动摇，并以"吾驾不可回"的誓言，表示要与时政诀别，归隐到底。

《饮酒》诗中的第五首是最为人所注目的名篇，成为千古交誉的诗歌佳品。它为我们构建了一个高妙的艺术意境：写景状物则在人耳目；言情咏怀则沁人心脾；用事述理则深入浅出而又含蓄蕴藉，使人在欣赏艺术美的同时领略到哲理的启迪。诗中丰富而层次深邃的文化意蕴使得这首诗更加耐人寻味，气蕴回荡。正所谓"语尽而意无穷"，诗"美在咸酸之外"。这首饮酒诗也是仅存的116首五言诗中最能代表陶渊明个人思想的一首诗。

"结庐在人境，而无车马喧。"把自己的房子建筑在人世间，可是听不到车马的喧闹，那么"在人境"一定会有"车马喧"，为什么没有"车马喧"呢？他自己自问，说"问君何能尔"，就是我问你是什么原因能够达到这样的地步呢？下面他答道"心远地自偏"，"心远地自偏"对于今天的我们也不无启发。我们今天生活在一个非常现代化的、非常喧闹的社会当中，我们已经不可能像陶渊明时代那样隐居到山林里面去，在这个非常热闹的现实当中，只要我们每个人的心远离名利、物质的追求，远离世俗的官场，那么我们住的地方也会变得偏僻起来，我们的心情也会变得宁静起来，我们也会克服一些浮躁的情绪，这样使自己变得非常的宁静，这对于我们自己人生的修养，对于我们社会的安宁都是很有好处的。

"采菊东篱下，悠然见南山。"这是陶渊明非常有名的咏菊的诗歌，"采菊东篱下"是一俯，"悠然见南山"是一仰，在"采菊东篱下"这不经意之间抬起头来看南山，那秀丽的南山就是庐山，他家乡的庐山，一下就扑进了他的眼帘。所以这个"见"字用得非常好，苏东坡曾经说：如果把这个"见"南山改成"望"南山，则一片神气都索然矣。

"山气日夕佳，飞鸟相与还。"就是说山里面自然的景观早晨和晚上都非常好，在傍晚时分飞鸟呼朋唤侣结伴而归，大自然是在这个很自然的气氛中飞鸟就回到鸟巢中去了。然后从这样一种非常自然的、非常率真的意境中，陶渊明感受到人生的某一种境地。但是这样一种非常微妙的境地，是难以用语言来表达的，只可意会不可言传，所以"欲辩已忘言"了。

　　这首《饮酒》诗平淡自然，寓意深刻。诗人不故作高深而诗意自深，不追求词藻的华丽而华丽自在其中，这首诗的美是质朴纯真的美。陶渊明结庐人境，热爱田园，厌弃官场，不与统治者同流合污，在当时历史条件下是一种反抗，尽管这种反抗是非常微弱的，但仍然有它的积极意义。